独立起業
成功する魔法の3ステップ

伊藤賀一 著

セルバ出版

はじめに

本書を取っていただいた読者の皆さん、本当におめでとうございます。本書を読むことで、2020年以降に向けて、今からあなたが取るべき行動を手にし、あなたとあなたの大切な人の生活を守るための大きなきっかけが掴めます。

ぜひ最後までお読みいただき、あなたの人生をあなたらしく生きていくために、大事な一歩を踏み出していただきたいと思います。

近年訪れた社会環境の変化と、独立起業へ向けた機運

『今後なくなる職業』

この言葉を聞いたことがある人も少なくないと思います。これは2013年9月にオックスフォード大学のマイケル・オズボーン准教授が発表した論文で、当時世界に衝撃を与えたものです。銀行の融資担当者や税理士など、いわゆる計数処理をする職業をはじめ、電話オペレーターや小売店の店員、スポーツトレーナーまで、多くの職業が人工知能に取って代わられる時代が来ると論じたものです。私も当時、自分の職業がなくなるのか否か、気になって調べてみたことを覚えています。

以前、ある若者と話をしていたときに、彼は自分の仕事についてこのように言っていました。

「今の仕事は、物を人に届ける配達なので、人工知能に取って代わられることはないです」と。この話を聞いて、あなたはどう思うでしょうか？

「そうだよ、そうだよ」と思う人もいれば、「それは違うんじゃないの？」と思う人もいると思います。私はこの話を聞いて、このような考え方はとても危険だと考えています。

例えば、車の自動運転はもうすぐ可能になるといわれています。また、ドローンによる配達技術も、法規制などが整うことで、もうすぐ確立されるといわれています。

その他、これまで人海戦術で行っていた、スーパーのレジ打ちですが、近年、いわゆる「無人レジ」といわれる、お客さま自身がレジで商品のバーコードを読み込ませ、自分で袋づめをして、持ち帰るレジもあたり前のように出てきています。

小売業界の職業環境を激変させるAmazonGO

さらに近年、小売業界に大きな変化を生み出す新たな流れ、それが「AmazonGo」です。ぜひYouTubeで「AmazonGo」と検索をしていただきたいのですが、簡単に説明すると、例えば、あなたがスーパーに買い物に行ったとします。そして、欲しい商品を棚から取って、家から持ってきた袋にその商品を入れます。そして、レジに行かず、そのまま店から出ることができます。

そう、あなたはレジでの支払いを一切しなくていいのです。店を出るときに、自動で支払いがされ、精算されます。つまり、このシステムが導入されることにより、これまでレジ打ちで働いていた人も一切不要になるわけです。

このように、いわゆる軽作業というものは今後、どんどんシステム化され、無人化されていく流れが急ピッチで進んでいます。

人工知能時代が密かに擦り込まれる近年

さらに、人工知能時代の訪れを広く予見させる動きが、加速し始めています。これまでは週刊誌やニュースなどで扱われてきた人工知能という言葉が、今度はドラマでも始まっています。深夜ドラマのため（執筆時）、学生など若者世代が気軽に観るというものではないかもしれません。

しかし、これまでよりさらに身近に人工知能を捉え、人工知能の存在を「あたり前」と認知させるには十分な内容になっています。インターネットで検索すると、人工知能がお嫁さんになるという動画も流れています。

このように、確実に到来する人工知能の時代に、私たちは極々自然に導かれています。

私の業界でもあるマーケティングという職業も、単にお客さまのニーズを予測して販売戦略を練るだけなら、その職業はなくなってしまうと考えています。なぜなら、このような予測戦略は、過去のマスデータや、直近のアンケート調査などによる結果から将来を予測しますが、1人ひとりの具体的な購買履歴がビッグデータ上に残ることで、その人個人の、趣味嗜好、起床時間やよく行く店など細かい行動パターンが蓄積され、人工知能が個別に提案をしてくれる時代になるからです。

その前哨として、近年発達したのがビーコン（Beacon）です。Bluetoothという信号の受信機を搭載したスマートフォンを片手に、発信者側のお店の前を通過すると、その店のおすすめ情報やクーポンを自動で受信するという技術で、これにより、「今、あなたにおすすめの情報」を目の前の人にリアルタイムで届けることができるようになります。

人間と人工知能やロボットとのすみ分けの時代

このように、これまで人間が担ってきた仕事は多くが自動化され、人工知能やロボットが代替し、私たち人間がどの分野で働くかというのは、とても大切な職業選択になります。

意思決定学者であり教育コンサルタントの奈良潤氏著『人工知能を超える人間の強み』（技術評論社　２０１７年３月）には、機械が得意な仕事分野を「作業の正確性」「規則性」「論理性」「散漫することがない集中力」「感情に左右されることがない」と謳っており、人間が得意な仕事分野を「経験に基づいた豊かな発想力」「高い創造力」「察知力」「環境の変化に対応しようとする積極性」「意思決定の柔軟性」と謳っています。

つまり、筋道の通った論理や計数、単純作業などは人間よりロボットのほうが優位性が高く、人間はゼロから生み出すクリエイティブな仕事や、常に柔軟な発想力や対応力が必要となる仕事に優位性があるといいます。

今まであなたがどのような働き方をしてきたかわかりません。しかし、今後はあなたの意向とは無関係に、あなたがこれまで担ってきた仕事は、あなたがやるべきことではなくなり、予期せぬところで突然、無収入者になってしまうかもしれません。

２０２０年、激動の時代へ突入

人工知能による職業の減少という直接的な問題のほかに、私たちの生活に大きな影響を及ぼす出来事があります。それは「２０２５年問題」。

これは、日本で起こることなのですが、いわゆる団塊の世代と呼ばれる人全員が75歳以上の後期高齢者に入る年です。これにより、５人に１人が75歳以上、３人に１人が65歳以上となり、国の形そのものが大きく変わらざるを得ない状態に突入します。

その中で、特に大きな問題として取り上げられているのが、医療費と介護費の増大です。私は、国が方針を決める介護保険制度を、自治体が実際にどのように運用するかという戦略策定にも携わってきました。そして、内閣府の説明によると、２０１２年当時と比べて、２０２５年には、医療費が1.5倍、介護費が２、３倍に膨れ上がるといいます。

高齢者に襲い掛かる、悲惨な現実

多くの問題を抱えている高齢化の進展ですが、ここで取り上げたいのが、「老後破産問題」です。これはＮＨＫでも特集された話題なのですが、定年退職した人が、貯蓄と年金を頼りに悠々自適な生活をしようと思っていたが、本人や配偶者の健康問題や死別、子どもの交通事故など、生活が急変することによって、数千万円あった貯蓄も底をつき、わずかな年金で生活をしなければいけなくなるというものです。

この老後破産予備軍は数百万人いるといわれており、今後の日本社会にとって大きな問題となっています。

低賃金化がもたらす、さらなる自己破産

しかし、これは何も現代の高齢者特有の問題ではありません。今後ＡＩやロボットなどにより、働き口が減り、賃金の二極化に伴う低賃金労働者の増加もますます増加していきます。その結果、老後破産予備軍は増えていくことが見込まれるのです。

そして、賃金が二極化していくと同時に、会社もどんどん淘汰されていく時代の中で、あなた自身が望まなくても、自らビジネスを営まなければならなくなることも十分に考えられます。

「もう君は来月から来なくていいよ」

こんな言葉が突然あなたの身にも降りかかるかもしれません。そのときに、何としてでも会社にしがみつくのも１つの選択肢です。しかし、大手の会社は次々に倒産、あるいは事業を縮小し、人員もどんどん削減し、給与も削減、ルーチン業務はＡＩやロボットが担うことで、残された仕事はＡＩやロボットでもやらないような悲惨な仕事だけ。そこにはあなたの尊厳はありません。

当然、ただでさえ1人の働き手で、1人の高齢者を支える世の中では、年金受給で悠々自適な生活なんて期待はできません。

会社から解雇を宣告されたときに、「いよいよ自分でビジネスを始める絶好のチャンスが来たんだ！」と、心の底から思えるあなたでいなければ、あなたも老後破産の予備軍に入ってしまうかもしれないのです。

今後、日本は江戸時代のようになる

これは、私が学生時代に、教授から聞いた話です。つまり、1人ひとりが「○○屋」という独自のビジネスを持ち、自分で集客から販売まで行うようになるのです。そして、今この時代ほど、「江戸時代のようになる」という言葉に現実味を感じる時代はないのではないでしょうか。

「アフターオリンピック問題」と「人工知能」による働き口の減少。これは、今後私たちの生活環境を大きく一変させてしまうかもしれない、大きなキーワードになります。人工知能時代の到来が私たち人間の職業環境、生活環境を実際にどれくらい変えてしまうものなのか、その答えは学者や研究者によってもバラバラで定まっていません。

しかし現在、アメリカでは　3人に1人がフリーランスとして働いているといわれ、アメリカの5年から10年後を追う日本でも、望むと望まざるとにかかわらず、ここ数年で、1人で働く人が増えていくことになるでしょう。そして、「ビジネスを持たれている人、持たれていない人」、ビジネスを持たれていても、「稼げている人、稼げてない人」の二極化が進むことになるでしょう。そのときに、あなたがどのような立ち位置になるのかによって、あなたの２０２０年以降の生活は大きく変わります。

本書は、独立起業に対する大切な考え方や方法について書いていますが、ただの「独立起業のすゝめ」ではありません。私自身、独立起業をする前は、朝6時には家を出て、満員電車の中、片道2時間かけて職場へ向かい、遅いと夜中の2時頃に帰宅をして、また早朝に出かける。そのような生活を繰り返していました。その中では、心が病んだときもありますし、頭部に謎の症状が出てＣＴスキャンやＭＲＩに入ったこともあります。仕事のストレスを家族に当ててしまったときもあります。

そのような私の過去を反省し、本書を読まれるあなたには、あなた自身の貴重な強みを生かし、自由な時間と自由なお金を獲得し、来たる２０２０年以降の働き口にも困らずに、家族や大切な人を守っていただきたいと心から切に思っております。

本を読んだ＝即独立起業である必要はないと思います。しかし、一歩ずつ来たる新しい時代に備えて、今から準備を始めていただければ幸いです。

伊藤　賀一

平成29年12月

独立起業　成功する魔法の3ステップ　目次

はじめに

第1章　ビジネス立ち上げ前夜

1　自分ビジネスの行き先を明確にする　18
2　経営者には3つの属性がある　20
3　ビジネス全体を構成する4つの要素　22
4　3C分析から現状を把握　28
5　ビジネススタート前にすべきこと①―やれることの青写真をつくる　30
6　ビジネススタート前にすべきこと②―競合他社を調査する　34
7　ビジネススタート前にすべきこと③―販売先を特定する　37
8　3ステップの全体像　40

第2章　1stステップ〝つくる〟
いい商品ではなく、選ばれる商品をつくる

1　つくる前に売るという思考法―ドライテスト　42
2　情熱なき商品が人生を破綻させる　44
3　独りよがりの商品開発がお客さまに無視される　48
4　売りたい商品と売りたくない商品ができて初めて売上が上がる　52
5　自分の感情を価格に反映せずに、他社の価格と自分の願望で価格を決める　54
6　高単価にしてあげることがお客さまのためになる　57
7　高単価商品と低単価商品の併存がビジネスを安定させる　59
8　既存商品は値上げをすることで時間とお金の自由を得て収益率が上がる　61
9　感情を動かす商品づくりと価格設定　64

第3章　2ndステップ〝あつめる①〟業界の先輩をごぼう抜きし最前線で活躍する実績戦略

1　ゼロイチを達成するために欠かせない「認知×実績」　68
2　あなたの奥深くに眠る実績を掘り起こせ！　71
3　ビジネスが大きくなる5つのステップ　74
4　全くのゼロでもある媒体を使って自ら実績をつくる方法　77
5　実績を秘宝にせず、どんどん外に出していく　82
6　最初の出会いがあなたの立ち位置を決める　83
7　WEBで集客するにはリアルのアプローチが必須〜WEB戦略の罠〜　88

第4章　2ndステップ〝あつめる②〟1対1から、1対多に切り替えるマーケティング戦略

1　マーケティングとは1対1を1対多にして、お客さまを目の前に連れてくる行為　92

2 無料媒体を使った認知活動―貢献は人の為ならず 95
3 流行りの手法により陥る罠―流行りの手法は蜜の味？ 100
4 無料媒体の役目は集客のきっかけづくりと勝ちパターンの確認 103
5 Facebook活用法と注意点 108
6 動画を使った情報発信―動画は文字の5000倍の情報量 112
7 ジョイントベンチャー戦略の真髄 119
8 発するメッセージでお客さまを選別する 126

第5章 3rdステップ
〝うる〟販売・フォロー

1 感覚セールスから科学セールスにするには反応率を意識する 132
2 トレンド販売の逆を狙ってお客さまを惹きつける 134
3 売上を一気に加速させるにはリストホルダーを狙え 139
4 成約率を下げるセールストークは絶対にしてはいけない 143

5　対面セッションでお客さまから契約を引き寄せる手順　144
6　競合他社のお客さまを自分のお客さまに導くには　150
7　販売力を劇的に高めるリスクリバーサル　153

第6章　ブレイクを加速させるビジネスマインド法

1　お金ではなく実績を取りにいくことで、さらにお客さまを引き寄せる力がつく　156
2　得たお金をさらに自己投資に回すことで、成長が加速する　160
3　フォーカスをブラさず、常に本業に集中する　161
4　成功者を徹底的にマネして、さらに自分のモノとして加速させる（守破離）　165
5　集客は新規7：既存3、サポートは新規3：既存7　167

第7章　成長せざるを得ない環境を手に入れ、強制的に成功を収める

1　家族や友人・知人、同僚はみんな反対する　172
2　人間の成長を決めるコンフォートゾーンとセルフコンセプト　173

3　無意識の世界と意識の世界　181
4　成長を加速させたいなら意識の高い人を周りに置け　182
5　独学をすればするほど成功から遠ざかる　185
6　あなたの貢献活動が世界を救う　188
おわりに

第1章　ビジネス立ち上げ前夜

1　自分ビジネスの行き先を明確にする

ビジネスの目的を明確にする

「○○士の資格を取得した！　いざ独立！」

世の中にはこのような形で独立起業をしようとする人がたくさんいます。その結果、どうなるかというと、多くの方がせっかく資格を取得したのに、稼げない現実を目の当たりにし、宝の持ち腐れと化してしまいます。

このような現実に直面する人には３つの大きな問題が隠されています。その大きな要因の１つが「ビジネスの目的」がないこと。

「あなたは何のために、そのビジネスをスタートしようとしていますか？」

この質問をある面談でした際、そのクライアントは閉口してしまい、ビジネスの目的が全く出てきませんでした。

ビジネスをする目的を「お金を稼ぐため」とする人もいると思います。それはそれで間違いではないですが、お金はあなた自身の目標達成や欲しいものを得るための手段であり、お金自体は、それがあなたのお腹を満たしてくれるものではありません。

アリスとチェシャ猫

「資格を取得したから、それを生かして社会貢献したい」

これは、資格を取得して独立起業する人がよくいう「建て前」です。しかし、ここには、大きな欠落点があることにお気づきでしょうか？　それは、「何のために、その資格を取得するのか？」という目的がないこと。

あなたは、不思議の国のアリスというお話を知っていますか？　その中のあるシーンで、アリスとチェシャ猫のこのような掛け合いがあります。

アリス：私はどこの道を行ったらいいの？

チェシャ猫：それは君がどこに行きたいか次第だね

アリス：わからないの…

チェシャ猫：だったらどこへでも行きな。どこへ行きたいかわからなければ、どの道を進んだって同じことさ

どこへ進んでいけばいいかわからないアリスが、チェシャ猫に進み出す方向を聞いたのですが、チェシャ猫は、アリス自身がどこを目的としていきたいのか決めていないなら、どの道へ進み出しても同じことだというのです。

もしここで、アリスが明確な目的を持って、それに向かってどのような道へ進めばいいのか聞けば、チェシャ猫もその道を教えることができたのでしょう。

目的を定めて甘い誘惑に惑わされない

目的がない状態では、歩み出す道すら特定することができず、目先の誘惑に踊らされ、少しでも今より稼げそうな話が来るとそこに飛びつき、また別の甘い話が来ると、すぐに飛びつくということを繰り返すことになります。そしてその結果、ビジネスを始めたはいいが、いつまでも軌道に乗せることができなくなってしまいます。

ビジネスの目的を決めずにスタートするということは、行き先を決めずに離陸する飛行機のようなものです。定まった目的地があるから、機体を襲う横風や向かい風にも負けずに、計器を確認しながら飛び進めることができるのです。

これから、あなたがビジネスをスタートする際には、まずビジネスをする意義や目的を明確にするところから始めてください。この最初の土台をしっかりと構築することで、「簡単稼げる系」などの甘い誘惑にも惑わされずに、着実にビジネスの立ち上げを進めることができるようになります。

2　経営者には3つの属性がある

経営者の３つのタイプ

私がこれまで個別に面談してきた人の中で、圧倒的に多い発言が、「この商品に強い想いがある」という情熱アピールです。商品やサービスの質の高さに自信を持ち、そして、今後もこの商品やサービスの機能向上やスキルアップに力を注ぎ続けることに情熱を持っている人たちです。

アメリカの起業の神様「マイケル・E・ガーバー」は、著書『はじめの一歩を踏み出そう』（世界文化社　2013年9月）で、起業家には3つの属性があるといっています。

①　起業家タイプ

②　マネージャータイプ

③　職人タイプ

そして、私がこれまで個別に面談してきた人の中で、圧倒的に多いのが、3の職人タイプです。

ビジネスを安定させる黄金比率

「○○士」という資格、マッサージの技術、コーチングの技術、織物を縫う技術、手工芸品をつくる技術など、様々な職人技を有する人がいます。しかし、その職人たちの問題は、技術だけが優れていて、その他の大事な部分が抜け落ちてしまっていることです。

ビジネスを展開する上で、「セールス・マーケティング＝6」「オペレーション＝1」「プロダクト＝1」「サービス＝2」の割合が、バランスがとれているといわれます。職人タイプは「プロダクト」のみに注力し、最も大切な「セールス・マーケティング」に全く注力しないため、一時的に成長できたとしても、すぐにビジネスが行き詰まってしまうのです。

もちろん、あなた自身が自分の商品やサービスに思い入れを持つことはいいことですが、あまり思い入れを持ち過ぎると、商品やサービスと、お客さまの願望やフラストレーションがズレていることに気がつかず、「いい商品なんだから、買ってくれてあたりまえ」「買わないお客さまのほうが悪い」という間違った思考に陥ります。

今後あなたが自分のビジネスをスタートさせて安定した成長を遂げたいなら、今まで自分でやってきた実務は、極力手放していき、あなた自身は組織やグループをまとめ、経営戦略に携わり、お客さまの現実を把握し、将来ビジョンを常に考える。

そのようなマネージャータイプや起業家タイプに転身するようにビジネスを展開してください。

3　ビジネス全体を構成する4つの要素

ビジネスを構成させる最も大きな要素

ビジネスが行き詰まる大きな要因の3つ目、それはビジネス全体を構成する要素を把握していないことによります。

「ビジネスの最も大枠は何ですか？」と聞かれたら、私は次の4つをあげます。

> 『商品』×『戦略』×『マインド』×『環境』

この4つの要素から構成され、ポイントはそれぞれが「掛け算」で関連づけられていることを見逃してはいけません。多くの人が「商品、商品」「うちの商品最高」「こだわりの機能」といって、商品ばかりにフォーカスしてしまいます。しかし、今の時代、いい商品なんてあたり前で、「いい商品＝あなたのメリット」には残念ながらなりません。

また、あなたがどれだけ機能にこだわっても、それがお客さまの欲しい機能なのかわかりません。

例えば、テレビ業界を例にみると、アナログ放送からデジタル放送に切り替わる際に、大きな需要がありました。しかし、その需要がひと段落したときに、メーカーは何をしたかというと、４Ｋの開発を進め、さらに画質を良くしようとしました。その結果、「売れない」というジレンマに陥ったのです。お客さまの願望は「画質をさらによくする」というところではなかったのです。

商品ばかりに目を向けると、このようなことが起きてしまうのです。

ビジネス戦略の流れを把握する

ビジネスは「商品×戦略×マインド×環境」という大枠で成り立っていることは前述しました。社員を抱える会社さんでしたら、「マインド＝企業文化」とも捉えられます。ビジネスというのは４つの要素から成り立つのに、商品ばかりに目がいくということは、他の大切な要素の３つも見落としてしまっているのです。特に、環境とマインドはビジネスの根幹になるところなので、とても大切なのですが、実際に、ビジネスを動かしていく際に大切なのは、戦略です。ここでは、商品と戦略の関係について少し考えます。

戦略の大枠を簡単に示すなら、セールスファネルです。セールスファネルとは、多少の表現の差はあれども、一般に次のように書かれます。

ファネルとは、漏斗のことで、セールスファネルは図表1ような逆三角形の形をしています。逆三角形の上部より入ってきた見込み客さんが、オファー、フロントエンド、ミドルエンド、バックエンドの順番でどんどん下に流れていく様子を示したものです。

勉強熱心な方でしたら、セールスファネルを知っている人も少なくないと思います。

セールスファネルで見落とされるある要素

しかし、実はもっと大切な要素が抜け落ちてしまっているため、多くの人が集客やセールスが上手くいかずに、ビジネスを倒産させてしまう結果になってしまっています。それは、オファーの前に「きっかけ」づくり、あるいは「認知」というものがあるのです（図表2）。

【図表1　セールスファネル】

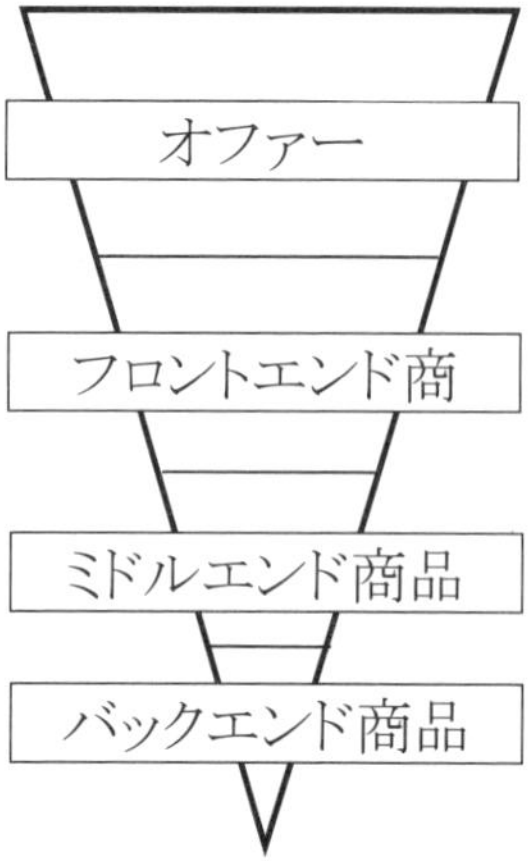

私のところにいらっしゃる方の中には、セールスファネルをきちんとつくられていて、魅力的なオファーもありながら、全く集客ができないという方もいます。その方の戦略をお伺いす

ると、「これ凄くいいオファーなので、こういう人に、このオファーを投げかけるのです！　こんなオファーどこにもないですし、みんな欲しいと思うのですが…」と言うのです。

しかし、私のほうから「こういう人ってどこでお会いするのですか？」と聞くと、話が止まってしまう人もいますし、人によって「いや、Facebookを使おうと思います」と言うのですが、その方のお客さま層がFacebookを使う層ではないのにも関わらず、Facebookを使おうとしている人もいます。あるいは、高齢者に対して届けようとしているのですが、そもそもお客さまとなる高齢者の方とお会いする機会がない人もいます。

これは次章でお話する「媒体基準」を見落としてしまった結果、陥る罠です。

【図表２　セールスファネル②】

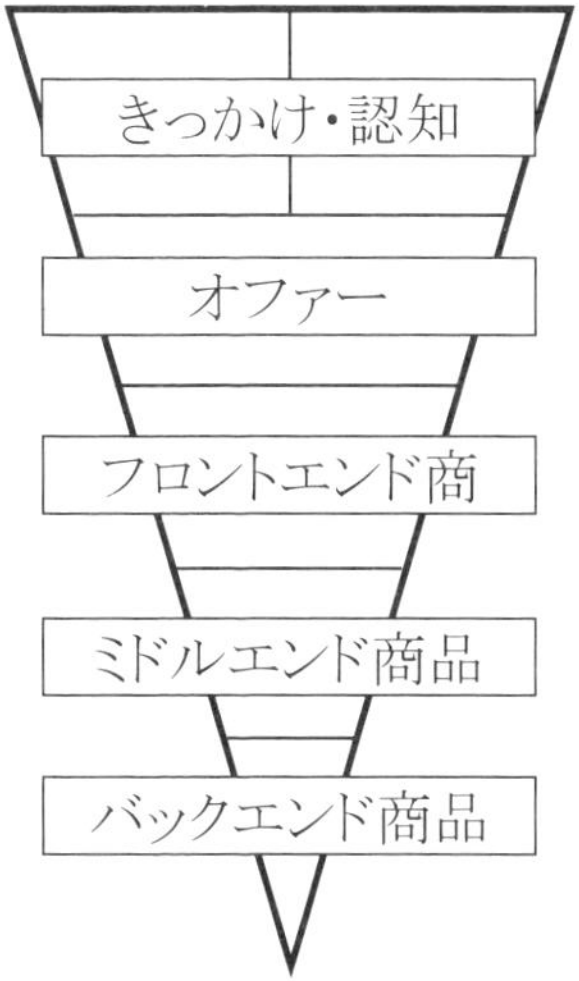

入り口のわからない店に入りますか

ここまでしっかりと組み立てることができて、初めてビジネスを流れでみることができるようになります。

単純にオファーからスタートしてしまうと、そもそもオファーを届ける相手をどうやってみつけるのか、あるいは、あなたの商品を買う可能性のある「見込み客さん」にきちんと届かず、見当違いの冷やかし客に届けてしまうという問題が生じるからです。

例えば、無料のＰＤＦを作成し、これを見込み客さんに届ければ、次のフロントエンド商品、ミドルエンド商品と流れていきますが、そもそもこの無料のＰＤＦを誰にどうやって届けるかが明確にされていないと、最初の一歩がスタートできません。さらに付け加えるなら、バックエンド商品の後に、サポートやリピート戦略を考えていく必要がありますが、それも、後半にお話しします。

セールスファネルに加速エンジンをつける

そして、「なかなか商品が売れないんです」という人は、本命商品を売るときのセールスに、全身全霊、恐ろしいほどの力を注ごうとします。そして、その結果売れないとなります。そうすると、その人はどのような感情になるかというと、「セールスは嫌い」となります。

しかし、実はこのセールスファネルのどこかのタイミングで、グッと力を集中させれば、最後の本命商品を買ってもらうことは、それほどストレスのあることではなくなります。私はこれを「加速エンジンを効かせる」と言っています。

もちろん、すべての段階で、加速エンジンを効かせて１２０％の力が出すことができれば、より成約率は高くなりますが、それでは体力的、精神的に疲れ果ててしまうかもしれません。そうかといって、最初から最後まで全く力を入れないのもダメです。そういう人のことを、一般的に「怠け者」といいます。この「きっかけ・認知」からバックエンド商品を売るセールスまでの、どこかのタイミングで加速エンジンを効かせてパワーをかけることで、その後の過程が楽になるのです。

そして、面白いのが、ストレスは、上にいけばいくほど、小さくなります。

つまり、例えば最初のきっかけづくりで、一気に相手の心を掴むことができれば、その後の購入まで、ストレスなく簡単に進むこともできます。さらに付け加えると、加速エンジンを通過した途端に、間を飛ばして、一気に購入までいくことだって可能です。

【図表３　セールスファネルエンジンつき】

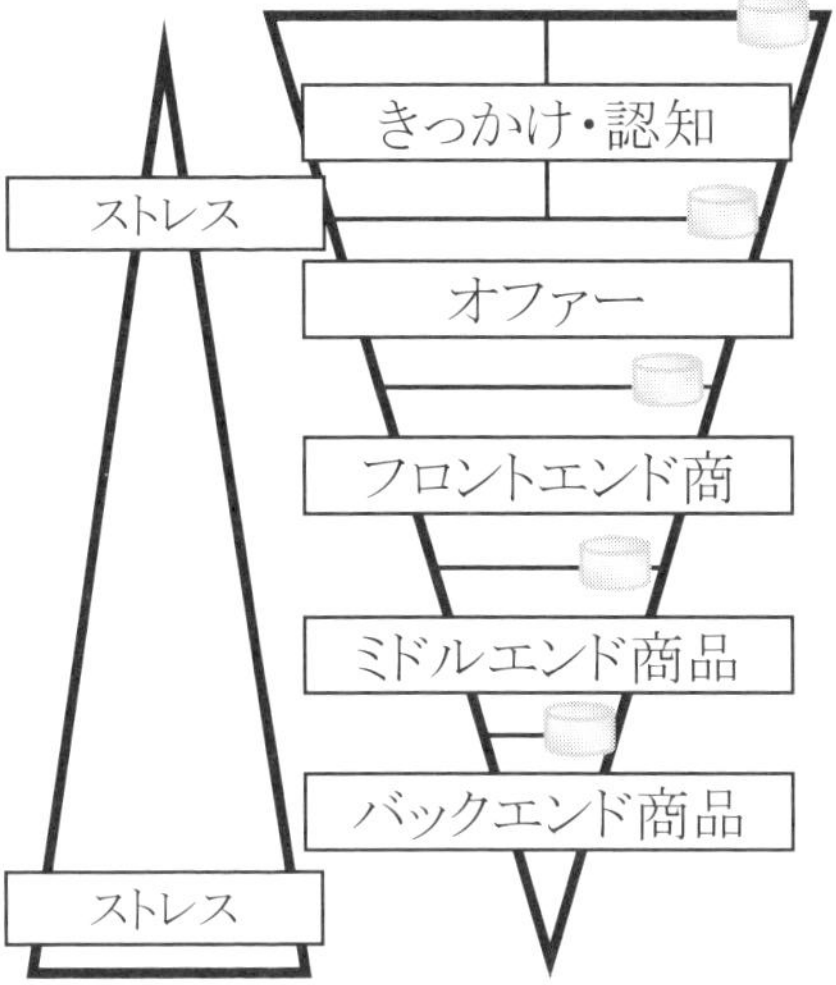

加速エンジンを効かせないでファネルを流すとビジネスが嫌になる

逆に、きっかけづくりや認知活動を何となくやって、オファーも何となくやって、フロントエンド、ミドルエンドも何となくやって、最後のバックエンドの本命商品のときに、初めて本気を出すと、かなり辛くなります。

これがストレスなくできる人は、元々セールスが得意な人です。私も元々セールス畑の人間でしたが、セールスが苦手で、マーケティングに入っていった経緯があります。もしあなたが、セールスがあまり得意ではない、できればストレスなくビジネスを進めたいとお考えでしたら、今回の話をもとに、日ごろの活動を振り返っていただきたいと思います。

最後に質問です。もしあなたが、なかなか売れないという悩みをお持ちでしたら、セールスファネルのどこかのタイミングで、グッと力を入れているでしょうか？「ちゃんと本気でやっているよ」というのでしたら、きちんと効果のある方法でやっているでしょうか？もしかしたら、あなたがどのようなアプローチを仕掛けても買ってくれない人に対して、無駄な労力をかけていないでしょうか？買ってくれるかもしれない人に対して、ミスミス突き放してしまうような行動を無意識でしていないでしょうか？

4　3C分析から現状を把握する

ビジネスをスタートする際にやるべきこと

前項までで、ビジネス全体像と、その中であなたが注意すべき点をお伝えしました。では、あなたがこれからビジネスを立ち上げるにあたり、初めに確認するべき点についてお話をしていきます。

3C分析というものを聞いたことがある人も少なくないと思います。

3Cとは「Company＝自社」「Competitor＝他社」「Customer＝お客さま」の3つのCの頭文字から取ったもので、これら3者からビジネスを分析していくフレームワークです。

３Ｃ分析は古くからある考え方であるため、「もう古い」という人もいますが、個人事業や中小企業が分析をする上では十分なフレームワークです。

３つのＣを分析する

「自社」分析とは、例えばあなたは自身の強みの把握、知識や経験、スキル、実績などのリソースが十分に備わっているか調べます。一言でいうなら「何が強み？」「何ができる？」です。

「他社」分析とは、競合他社の状況を分析し、自社の戦略のベンチマークにするのですが、この競合他社には、大きく２つの種類があります。

１つが直接競合で、もう１つが間接競合です。直接競合とは、例えばあなたが痩身エステサロンを営んでいた場合、近隣の痩身エステサロンが直接競合となります。一方、間接競合とは、痩身エステにより得られる結果、すなわち「痩せる」という結果を提供できるビジネスで、例えば、痩せるサプリやスポーツジム、ダイエット法ＤＶＤなどが間接競合です。一言でいうなら「他社は何を打ち出している？」です。

「お客さま」分析とは、見込み客さんの悩みや願望を把握し、今どのような状態なのか分析していきます。一言でいうなら「お客さまはどんな人で、何を求めている？」です。

いくら、あなたが売りたい商品があっても、見込み客さんがそれを欲していなければ、購入につながりませんし、たとえ見込み客さんがあなたの商品を欲していても、強力な競合他社や優れた他社商品が存在すれば、あなたの商品は売りにくくなります。

5　ビジネススタート前にすべきこと①—やれることの青写真をつくる

前項で、３Ｃ分析の考え方をお伝えしましたが、まったくのゼロからいきなり３Ｃ分析を行っても意味はありません。まずは、あなた自身が、今どのような環境にいて、どのような可能性を秘めているのか確認する必要があります。

アプローチできる人を確認する—ヒト基準

まず最初に確認すべきことは、あなたがアプローチできる人はどのような属性の人なのかです。例えば、あなたのビジネスが高齢者の生活環境をよくするビジネスであっても、あなたの周りに、あなたがアプローチできる高齢者がいないと買ってもらうことは難しくなります。同様に、あなたのビジネスが、士業の人向けだったとしても、周りにアプローチできる士業の人がいないと、やはり難しくなります。

まず、あなた自身の商品やサービスを決める前に、あなたの周りにどのような人がいて、その人たちのどんな不安や不満を解消し、ニーズや願望を満たすことができるか確認していく必要があります。

アプローチに使える媒体を確認する―媒体基準

もう1つ確認しなければいけないのが、あなた自身がどのような媒体を使って、見込み客さんに商品やサービスを届けることができるかです。

例えば、あなたが町のコミュニティーに所属していれば、そのコミュニティーのメンバーに対して、あなたの商品やサービスを提供することができます。あなたがインターネットオークションサイトにアカウントを持っていれば、そこはあなたの商品やサービスを提供できる媒体となります。

媒体例は、町のコミュニティーやインターネットオークションサイトのほか、ＳＮＳや交流会、新聞広告や折込チラシなどの広告媒体、実店舗、テナントなど、あなたと見込み客さんをつなぐ手段が媒体となります。この媒体がないと、いくらあなたの商品やサービスが超一流で、コストパフォーマンスも高く、その商品を欲する見込み客さんがいたとしても、その間をつなぐことができず、売上につなげることはできません。

多くの人が今の時代はFacebookやTwitterなどＳＮＳを活用し、お茶会や交流会を主催したり参加したりしていますが、今あなたにはどのような媒体があるのか洗い出してみてください。

３Ｃ分析―自社分析

前項まであなた自身の環境を把握したら、いよいよ3C分析の開始です。自社分析の基本は「自分は何が強みで、何ができるか」を把握することです。分析するにあたり、ヒト基準と媒体基準により見つけ出された、あなたのビジネス環境を十二分に汲み入れて分析してください。

しかし、どうしても自分の強みが見つからず、どのようなビジネスをすればいいのかわからないという場合は、2つのビジネス案を提供します。1つの参考にしていただけたらと思います。

商品提供者と見込み客さんをマッチさせる

もし、あなた自身に提供できる商品やサービスがない場合、他の商品提供者と見込み客さんをマッチさせる媒介者としてビジネスを展開することができます。

この地球上に人間が豊かな生活を送ることができる資源は十分にあります。しかし、豊かな生活を送るために足りないものがあります。それは「流通」です。資源の持っている人どうしをつなぐ媒介者がいないから、人間の生活は豊かになり切れないのです。決して豊かとは、すべての人間が豪邸に住んで高級自動車に乗るというわけではありません。それぞれの環境に応じて心が豊かになる生活を送ることができるという状況です。

また、資源とは「モノ」だけではありません。知識や経験、スキルもそうです。そのような資源を持っている人と、欲している人をつなぎ合わせるのです。

多くの人が、自分の知識や経験、スキルを過小評価してしまいます。しかし、その資源を欲している人は世の中には無数います。そのような埋もれた資源と、それを欲する人とをつなぎ、その媒介手数料をもらえばいいのです。

自分の経験を提供する

あなたは、自分の経験なんて大したことないと考えていませんか？　どんな人にも、他人に共感できるストーリーが必ずあります。

例えば、学生時代の引きこもりから卒業後ニートになって、一度も正社員の経験をしないで、アルバイト生活をしていたある女性も、自分の経験をさらけ出した結果、似た境遇の人から共感を得て、今、全国からお声掛けをしてもらっているコーチがいます。その女性も、最初はセルフイメージが低く、自分には価値がないと思い込んでいたのですが、何もできず、動けなかった自分と、今はアルバイトでも続けられている自分の変化に気づいたことで、セルフイメージが上がり、人にその経験を伝えることができるようになったのです。

どのような人でも必ず何かしらのストーリーがあり、そのストーリーが共感を生むことで、あなたならではの価値提供をすることができるようになります。

コーチやコンサルタントなど、自分の知識や経験、スキルを提供する職業は、物販のように仕入が必要なく、飲食店などの店舗ビジネスのような建物や什器が必要ないため、極めて小さなリスクでビジネスをスタートすることができます。

あなたには何かしらの住まいがあると思います。そして、インターネット環境をお持ちだと思います。最低でもこの２つさえあれば、ビジネスと生活をすることはできます。

コンサル型ビジネスの注意点

一方、注意しなければいけないのが、上手くビジネスを構築しないと、労働集約的なモデルになってしまいます。

例えば、町の中小企業を定期的に訪問し、会議に出席して、また翌月も同じ行動を繰り返す。そのようなビジネスを行っている人もいれば、自由なお金と時間を手に入れながら世界を飛び回り、クライアントの成長を支援している人もいます。

働き方は生き方でもあるので、あなたがどのような働き方を選ぶかにより、あなたの手にしたい人生を自由に選ぶことができます。

しかし、あなたの時給があなたの人生の中では最も高く、価値あるものにしなければいけません。「あなた＝商品」であるため、時間のわりに収入が低いという環境にならないために、ビジネスモデルに注意しなければいけません。

6　ビジネススタート前にすべきこと②——競合他社を調査する

他社分析なきビジネス構築はあり得ない

自社分析で、あなたの中にあるビジネスの種を把握することができたら、次にそのビジネスに元気な競合他社がいるか確認します。

今、私は「元気な」という言葉を用いました。ただの競合他社ではなく元気な競合他社の存在が必要になります。なぜかというと、競合他社が全く不在で、ビジネスを全くのゼロから構築しようとすると、見込み客さんの居場所や、どのような願望やフラストレーションを持っているのか調べないといけません。

もし、競合他社の年収が３００万円だったら、あなたも競合他社を真似することで、年収３００万円に達することができますが、その金額が上限になります。あなたがそれ以上の収入を得ていこうとすると、あなたの業界では今まで一度も試したことがない手段で集客を試みなければならず、当たるかわからない賭けに出なければいけません。

もしあなたに十分な資金や人脈などのリソースがあればいいですが、そうではない場合は大きなリスクを背負うことになります。

そして、もし何度も何度も試行錯誤を繰り返して、当たりを引き当てると何が起こるのかというと、競合他社に模倣されます。

そのような無駄足にならないためにも、自分のやるべきことが決まったら、次に競合調査をします。そして､競合他社が成功している手法やメッセージを徹底的にマネして､さらに磨いてください。

競合調査の最も簡単な方法は､競合他社の商品やサービスをあなた自身で購入してみることです。お客さまとして入ることで、競合他社も無碍にはできません。

競合他社に出向いて、どのようなお客さま層が来ていて、その方々向けにどのような媒体でどのようなメッセージを発していて、どのような商品ラインナップでどのようなサービスを行っているか確認してみてください。

価格設定の参考にもなる

また、競合調査をすると、あなたの商品やサービスの価格設定の参考にもなります。自社の価格設定をいくらにすればいいのか、ビジネスをスタートする人にとって大きな悩みの種になります。

価格設定にはいくつかの方法があります。例えば「コスト基準法」。これは、あなたの商品やサービスにかかるコストを基に価格を決める方法です。よく「原価×3倍」で価格設定をする人もいます。「原価が250円だから、750円のラーメンを売る」という方法です。

しかし、お客さまにとって、この原価というものは関係あるでしょうか？　あなたは、750円のラーメンを見たときに「このラーメンの原価は250円くらいだな」と思いますか？　もしあなたが、コストを常に意識するような仕事に就いているなら、意識するかもしれませんが、普通はそのようなことはしないはずです。お祭りにいくと売っている風船も、数十円程度の原価に対して、1000円ほどで販売していたりします。

もちろん、原価割れをしては意味がないですが（ただし、その商品が見込み客さんとのきっかけづくりのための場合は除く）、コストを積み上げて価格を決めると、購入者の意向を完全に除外した価格設定になりかねませんので、あまりおすすめはできません。

最もリスクの小さくてパフォーマンスが高い設定方法は「競合基準法」です。これは競合他社が設定している価格をベースに、自社の価格を設定する方法で、競合他社がその価格帯で成功しているなら、たくさんのお客さまがついている証拠でもあるので、あなたの商品の価格もその値段を基準に設定すればいいのです。

競合調査をめんどくさがってやりたくないという人もいますが、競合調査はあなたのビジネスを確実に軌道に乗せるために、大きなヒントを与えてくれますので、ぜひ行うようにしてください。

7　ビジネススタート前にすべきこと③――販売先を特定する

ターゲットはお客さまではなく見込み客

３Ｃ分析、最後は販売先の特定です。言い方を変えれば、「お客さまは誰か」です。

今、「お客さま」という言葉を使いましたが、あなたがターゲットとして狙わなければいけないのは、お客さまではなく見込み客さんです。お客さまを狙おうとすると、目の前の人に自分の商品やサービスを提案し、買うか買わないかの二者択一を求める必要に迫られます。そして、もし買わなかったら、また別の人を探して、二者択一を聞くしかなくなります。これでは、訪問販売で布団を売るのと同じです。

そうではなく、あなたがアプローチする相手は見込み客さんです。見込み客さんの定義は様々ありますが、ここではまず次の2つを覚えてください。

①　お金を払う心の準備ができている人

②　その問題をお金を払ってでも解決したい人

さらに、見込み客さんには3つのフェーズがあります。

①　悩んでいる人

②　その問題を解決するために、自ら解決策を探しに動いている人

③　その問題を解決するために、他者の商品やサービスを買っている人

悩んでいる人

人間誰しもが何かしらの悩みがあります。お金がない人はお金がないことに悩むかもしれませんし、お金がある人もある人なりに別の悩みがあります。また、健康面での悩みかもしれませんし、人間づきあいや恋愛の悩みかもしれません。痩せたいと悩んでいる人は世の中にはたくさんいます。しかし、多くの人が悩んでいるにもかかわらず、儲かっていない痩身エステもたくさんあります。ということは、痩せたいと悩んでいる人全員がどこか特定の1社に集中してサービスを受けにいっているのかというと、そのようなことはなく、ただ単に悩んでいるけど、その解決策の商品やサービスを購入していないだけです。

ペルソナの罠

起業セミナーやマーケティングセミナーにいくと、よく「ある特定の1人に絞って、その人へのメッセージをつくりましょう」と言われたりします。これを「ペルソナをつくる」といったりしますが、ここには大きな罠があります。

例えば、企業オーナーや医師などを対象に5億円の注文住宅を販売したいとした場合、地域設定の際に、そのような5億円の家を買うようなオーナーや医師が不在の地域を選んでしまうと、当然お客さまはいるはずがありません。

また、地域に住む幼児1000人に対してビジネスを行おうとした場合、過疎化で幼児が1000人もいなかったらビジネス設定がおかしくなります。

さらに、絞った人が、商品を買う文化のない層（いわゆる「冷やかし客」）だった場合、いくらその人向けにメッセージを発信しても、当然買ってもらえることはありません。

あなたにとって正しい見込み客さんかどうかはわからない段階でペルソナ設定をしてしまうと、的外れな人向けに労力を使い、いつまで経っても自由な時間とお金が得られずに、苦しい生活を強いられる状態に陥る可能性があるので、十分に注意が必要です。

もしペルソナを設定するのなら、あなたがやらなければいけないのは、「見込み客さんから設定する」です。あなたの見込み客さんがどのような人かきちんと把握して、その上でペルソナをすることができれば、発するメッセージとそれを受ける属性がミスマッチを起こすことはなくなります。

8　3ステップの全体像

つくる→あつめる→うる

ここまでで、ビジネス全体の概論についてお話してきました。次章から、具体的なビジネス設計に入りますが、ここでは全体像を簡単にお伝えしておきます。

ビジネスの流れは商品をつくって、見込み客さんを集めて、その人に売るというのがとてもシンプルな考え方ですが、これからビジネスを始めようとする人が陥りがちな罠として、商品を完璧にしなければ、集客してはいけないと思い込んでいることです。詳しくは次章でお話しますが、商品は完璧である必要はありません。そうではなく、「半分完成したらゴー！」くらいの勢いも大切です。

次に、ある程度商品ができたら、見込み客さんに発信していきます。そして、最後は売ります。

このあたり前ともいえる流れですが、この流れの本質をきちんと把握できていないがゆえに、ビジネスが上手く回らず、創業後10年以内の廃業率93・7％、5年以内でも80％以上という現実に直面してしまうのです。

次章以降、具体的な内容に入っていきますので、これからビジネスをスタートされる方は、そのまま参考にしていただきたいと思いますし、既にビジネスをお持ちの方は、自分の歩んできた道が正しかったのか確認する機会にしてみてください。

第2章　1ｓｔステップ〝つくる〟

いい商品ではなく、選ばれる商品をつくる

1　つくる前に売るという思考法―ドライテスト

商品開発で陥る罠

　これからビジネスを始めようとする人がまず取り組みがちなのが、完璧な商品をつくって、自信を持ってから売るということです。しかし前述のとおり、ビジネスは、「商品」×「戦略」×「マインド」×「環境」の４つの掛け算から構成されます。

　いくら、あなたがいい商品をつくったとしても、それを届ける戦略がなければ買ってもらうことはできませんし、そもそもその商品が見込み客さんの「欲しい」というニーズに合致しなければ見向きもされません。

　商品づくりの際に大切なマインドは「商品をつくり込み過ぎない」ということです。例えば、あなたが大きな仕入を行い、その材料をもとに加工製品をつくって販売するビジネスをスタートした場合、もし数千万円の投資をして、商品を完成させて、１つも売れなかったら目もあてられません。

　あなたが、飲食店を開業するために建物から什器まですべてを完成させて、いざ開店させても閑古鳥が鳴いてしまったら、やはりその後の人生は悲惨なことになるかもしれません。仕入れた商品をそのまま第三者に販売する転売ビジネスをする場合も、仕入れたはいいが、１つも売れないと、在庫の山であなたの家は占領されてしまうかもしれません。

ドライテスト

せっかくつくった商品を在庫の山にさせないためにも、「売ってからつくる」ことを大前提に商品開発を行ってください。この売ってからつくることを、『ドライテスト』と呼びます。つまり、「こんな商品あるんですが、欲しい人いますか？」と見込み客さんに投げ掛けて、欲しいという人がいたら、初めて商品やサービスを提供します。

当然、ドライテストをもとに商品開発を行うと、確実にニーズがある状態でつくるので、つくったけど売れないという失敗をすることはなくなります。もし、欲しいという人がいなければ、商品をつくらなければいいだけなので、リスクはありません。

もし、商品やサービスがない段階で販売することに罪悪感を覚えるようでしたら、1つでいいので、商品を仕入れます。そして、商品が売れたら、それを提供すればいいですし、もし売れなくても損失はひとつです。

あるいは、自分で使うことができるかもしれません。例えば、ハワイで気に入ったT－シャツを1枚購入し、それを日本で販売してみて、売れればまた仕入ればいいですし、売れなければ自分で着ればいいだけです。

完璧はあり得ない世の中

世の中は日進月歩、常に進化し続けています。それと同時に、人間の欲求も常に高次へ移行し続けています。そのような世の中で、あなたが100%の商品やサービスにならないとリリースできないというマインドを持っていたら、いつまでもリリースできなくなります。なぜなら、社会そのものが常に進化しているからです。

仮に、一瞬でも100%に到達できたとしても、次の瞬間には、もう90%に落ちているかもしれません。

完璧な商品はあり得ません。あなたがすべきことは、商品のリリース時期を決めて、そこに向かって、今できる精いっぱいを果たし、市場に投げ掛けてみて、市場の反応をみて、また修正する、この繰り返しです。

その過程では、常に小さくテストして、勝ちパターンを見つけたら大きく展開する、これを意識してください。こうすることにより、あなたは無駄な商品開発や労力、時間をかけずに、見込み客さんに対して何を提供すればいいかみえてきます。

2 情熱なき商品が人生を破綻させる

日頃の原動力は情熱

もう1つ大切なフレームワークをお伝えします。あなたの商品を決定していく上で次の3つの要素を鑑みながら決めてみてください。

商品＝情熱×リソース×市場

特に大切な要素として、１つ目の情熱です。

ビジネスを始めると、いつも順風満帆というわけにはいきません。時には辛いとき、大変なときも訪れます。そのようなときに、情熱がなく、ただ儲かりそうだからとスタートしたビジネスは、簡単にくじけてしまい、またすぐに次の儲かりそうなビジネスへ飛び移り、そしてまた壁にあたったら次のビジネスに飛び移る。結局この繰り返しをすることで、いつまでも豊かな生活を送ることができなくなり、負のスパイラルに陥ってしまいます。

大切なことは、どんな難局に立たされても乗り越えられる、情熱あるビジネスができているかです。寝ても覚めても考えることができ、三度の飯よりビジネスが好き、そのようなビジネスを展開できれば、あなたは自分の得たい人生を手に入れるため、歩み続けることができるようになります。

商品選定方法

では、具体的にどのようなビジネスを選べばいいのか考えます。

最も早く成果を出して、生活を安定させたいのなら、過去の経験や実績を生かしたビジネスを始めることです。これはどの起業塾やセミナーでもよく聞かされる話だと思います。「過去を洗い出す実績シート」などを渡されて、「これに記入してきてください」と言われた経験がある人もいるかもしれません。なぜ過去の実績から商品やサービスを選ぶのがいいのでしょうか。

例えば、あなたが商品やサービスを買おうとした場合、どのような人から買いたいでしょうか。あなたがエステにいったとして、店員さんからこのようにいわれるのです。

「いらっしゃいませ！　今回担当させていただきます、〇〇です。私はエステ業界この道10年で、多くの方を美しくしてきました。私がエステを施したお客さまが、ミス〇〇に選ばれるなど、多くの人に喜んでもらっています」という人が最初の人です。

では次の店員さんはいかがでしょう。

「いらっしゃいませ！　今回担当させてただきます、〇〇です。私は今日この店に新人として入店し、このエステ業界も全くの未経験で、ツボがどこにあるのかもよくわからないんですけど、でもやる気はあります。一生懸命頑張りますので、どうか私のモルモットになってくれませんか。ただ、店の規約で値下げはしません」。

少し極端な例ですが、あなたでしたら、どちらのエステティシャンを選びたいですか。聞くまでもないですが、前者の10年選手だと思います。あなたはその業界に精通した人から、商品やサービスを買いたいと思うはずですし、それは相手も同じことです。

実は、必ずしも業界の大御所から商品やサービスを購入すればいいとばかりは言えないケースもあります。それでもやはり、多くの人は業界に精通した人から買いたいと思ってしまいます。

ですので、あなたが自分のビジネスをスタートして、最速で軌道に乗せたいと思うのでしたら、まずは自分の過去にビジネスのタネが埋もれていることを認識し、探し出してみてください。

今の仕事が嫌だから独立したいというあなたへ

もちろん、独立起業を目指される方の中には、今の仕事が嫌なので自分でビジネスをスタートしたいという人もいると思います。その場合は、直接今の仕事と同じ内容ではなく、枝葉の派生したビジネスを検討してみてください。

例えば、あなたが営業の仕事をしていたとしたら、そのまま実績や経験を生かすと営業代行会社の立ち上げかもしれませんが、その営業経験を人に教える、営業コンサルタントとして、営業のノウハウをお伝えしたり支援したりすることもできます。

また、今の仕事が嫌なのではなく、上司や部下との関係、満員電車の通勤やお客さまにペコペコしなければいけない状況が嫌なだけで、仕事そのものは嫌いではないという方も結構います。なぜ今の職場から飛び出し、自分でビジネスを始めようとしているのか、よく考えて自分のビジネスを選んでいただきたいと思います。

ただし、どのビジネスを選ばれるにしても、必ず「見込み客さんへのアプローチが可能な商品やサービス」を選ぶことを忘れないでください。これを無視してビジネスを構築しても、届ける手段がないと、結局ビジネスとして動き出すことはできなくなってしまいます。

質問です。あなたがこれまで生きてきた中で、直接お金をいただいた経験があることは何ですか？それは何をやってお金をもらいましたか？　また、あなた自身がこれまでたくさんのお金を払ってきたことや多くの時間を費やしてきたことは何ですか？　そこに、商品のタネはあります。

3　独りよがりの商品開発がお客さまに無視される

相手の迷惑を無視してはいけない

こうして、自分の経験から商品を構築していくと、ある心情が生まれます。それは「自分の商品最高！」という幻想です。よく、「私の商品はどこにもない素晴らしい機能があって、凄いんです！」という人がいますが、こう言う人ほど稼げていません。

なぜかというと、スポットライトが自分にばかり当たってしまい、見込み客さんの現実を完全に無視してしまっているからです。見込み客さんはそんな凄い機能を欲していないにもかかわらず、あなたのエゴでつくり上げた商品を目の前に出されたって、迷惑でしかありません。

誰もやっていないのではなく、誰も手をつけてこなかっただけ

これまで様々な人と面談をしてきましたが、中にはこのようにいう人がいます。「このビジネスはまだ誰もやっていない特殊なビジネスなんです」と。あたかも、自分が第一人者で、このビジネスを仕掛けることで、あっという間に億万長者になれると思い込んでいます。しかし、この考えでビジネスを構築していくことは、実はとてもリスクが高いことなのです。なぜかというと、市場そのものを自分でつくらなければいけないからです。

市場とは「競合他社の数×お客さまの数」です。元気な競合他社がいるということは、そこには十分な「お金を払って問題を解決したい文化のある」お客さまがいるということです。ということは、そのお客さまに対して、あなたの商品やサービスを提供していけば、あなたの商品やサービスを買ってもらうことは可能になります。

例えば、目のかすみに悩んでいて、ドラッグストアに目薬を買いに行ったとします。しかし、使い始めた目薬が全く効かなかったら、別の目薬も試してみると思います。つまり、一度買ったことがあるものは、他でも買うのです。

市場がない場合は、隣接市場を狙う

しかし、もしあなたの商品やサービスと似たような商品やサービスがなければ、まずはあなたの商品やサービスの存在を認知させなければいけません。しかも、その商品やサービスを使った際のビフォーアフターも示さないといけないので、さらにハードルが高くなります。未知の商品で、使った結果どんなことが起こるのかわからないものを買ってみたいという人はなかなかいません。

そうではなく、本当は第一ステップであなたがやらなければいけないのは、競合他社が手掛けているものを扱う必要があります。

なぜなら、既にその商品やサービスを買っている人がいるからです。既に買っている人は、問題を解決するために商品やサービスを買うという文化があるので、あなたの商品やサービスを買ってもらうことも、それほど難しくはありません。

もし、同じ商品やサービスがない場合は、あなたの商品やサービスから得られる結果にフォーカスして、メッセージにしていきます。

得られる結果にフォーカスする

「あなたの商品やサービスを使うことで得られる結果は何ですか?」

この問いは、普段の面談でもよくする質問です。このように聞くと、「体の血流が良くなります」「業務のスピードが上がります」などと答える人がいます。しかし、これは得られる結果ではなく、原因です。

お客さまが得たい結果は、例えば、「肩こりが完全に解消される」「関節の痛みが消える」「利益率が高まる」という最終結果です。「利益率を高めたい」という得たい結果に対して、その原因が業務スピードだとすると、あなたがフォーカスするのは、結果でなければいけません。

何でも効くは何にも効かない

ここまで進めると、次に大きな落とし穴に落ちてしまう人がいます。それは「私の商品は何に対しても効果があります!」というのです。これも大きく勘違いしてしまうポイントなのですが、商品やサービスの説明をするのに、何に対しても効果のある「万能薬」を謳った方が、お客さまから選ばれると思ってしまうのですが、実は真逆です。心に刻んでいただきたいのが『何にでも効く＝何にも効かない』と見込み客さんは判断します。もちろん、本当に何でも効くとしても、このようなメッセージを謳ってはいけません。

例えば、膝の痛みを何とかしたいと思いドラッグストアに行くとします。そして、健康食品コーナーで膝の痛みを和らげるサプリを探します。目の前には２つのサプリがあり、片方には「膝にはコレ！」と書かれ、もう片方には「膝、肩こり、腰痛、頭痛、美白、シワにはコレ！」と書かれているとします。

今どうしても膝の痛みをとりたいあなたは、どちらのサプリを買いますか？　前者の「膝にはコレ！」と書かれたサプリを選ぶと思います。

誰しもがお金を無限に持っているわけではありません。様々な欲求や願望を抱えながら、優先順位をつけて購入しています。

あなたがすべきことは、優先順位の高い願望にフォーカスし、見込み客さんの今すぐにでも解決したい願望を叶えるために、購入へ導いてあげることです。

あなたの商品やサービスには幅広い効果効能があるかもしれません。

しかし、見込み客さんが今何に対してお金を払いたがっているか確認し、見込み客さんが欲しいメッセージを１つ大きく載せてあげるだけで、あなたの商品やサービスの訴求力は一気に飛躍します。

4　売りたい商品と売りたくない商品ができて初めて売上が上がる

見込み客さんを連れてくる呼び水をつくる

ビジネスの安定を図るためには、お客さまではなく見込み客さんを集めることが必要ですが、もう1つ大事な点をお伝えします。それは、売りたい商品と売りたくない商品をつくるのです。売りたい商品はわかりやすいと思いますが、売りたくない商品とはどういうことでしょうか。

あなたがビジネスをスタートしたら、どのような商品を売りたいでしょうか？　もちろん社会に貢献でき、多くの人に喜ばれる商品を提供していきたいと思うはずです。それは正しいのですが、ビジネスが継続していくためには、当然、利益を出していかなければいけません。

そうすると、売りたい商品とは、「収益が出る商品」ということになります。一方、売りたくない商品とは売りたい商品の逆なので、「収益が出ない商品」ということです。

そして、売りたい商品と売りたくない商品をつくるということは、収益の出る商品と収益の出ない商品をつくるということです。収益の出る商品をその名の通り「収益商品」と呼び、収益の出ない商品を「集客商品」と呼びます。

集客商品は、あくまで見込み客さんとあなた自身をつなぐきっかけづくりなので、そこで利益を取りにいく必要はありません。

極論にいうと、その後の収益商品で利益を確保できるなら、集客商品は赤字でもいいのです。

１人のお客さまからどれだけ収益が出るか考える

１人のお客さまからいくらの収益を得ることができるかということをライフタイムバリュー（ＬＴＶ＝生涯顧客価値）といいます。この概念を身に付けることができれば、集客商品では赤字でも、その購入者のうち何人かに収益商品を買ってもらうことによって、集客商品と収益商品のトータルで利益を生むことができるようになります。

その後、購入者をリピートにつなげていくことができれば、入り口の集客商品で利益を生む必要性はさらに低くなります。

例えば、あなたが庭の手入れビジネスを行っている場合、庭の手入れを必要としている人を見つけるために、数百万円もする庭の手入れを、いきなり買ってくださいと言ったところで、そう簡単に買ってはもらえません。そこで、高枝切りばさみを原価同然、あるいは原価より安く販売することでファーストコンタクトを図り、その後、その人向けに高額の庭の手入れを提案することで、高枝切りばさみと庭の手入れのトータルで収益を生むことができます。

前述したセールスファネルほどしっかりつくり込まなくても、集客商品と収益商品という概念だけでも、ビジネスの仕組みづくりは十分に可能なので、あなたの場合の集客商品・収益商品は何かを見つけ出してください。

5　自分の感情を価格に反映せずに、他社の価格と自分の願望で価格を決める

価格設定方法ー競合他社の価格を参考にする

ここで、商品づくりの際に必要な価格設定について、深くお話をしていきます。この価格設定を間違えると、せっかくつくった商品やサービスも、見込み客さんの金銭感覚と乖離してしまい、全く売れずに、在庫の山、労力の無駄になってしまいますので注意が必要です。

まず、価格設定で最も大切にしなければいけないマインドが「お客さまはあなたの自信なんて全く興味がない」ということです。このようにいうと、なんか冷たい印象を持たれるかもしれませんが、そうではありません。

例えば、あなたがスタートアップ直後で自信がないから、競合他社の価格帯より安くしようと考えたとします（このような方は、実際の面談の場でもたくさんいます）。しかし、これからあなたの商品やサービスを買おうとしている見込み客さんは、あなたの自信なんて全く興味がなく、むしろ安くされると、「自信がないのかな？」「競合他社の商品より劣っているのかな？」「何か安い材料を使っているのかな？」と、逆に不安に思い、本来あなたの商品を買うことで、未来をよくすることができる見込み客さんの貴重な機会を奪ってしまうことにもなります。

価格設定方法ー自分が得たい価格を設定する

あるいは、競合他社の価格帯ではなく、あなた自身がつけたい価格に設定することも可能です。このように言うと、「じゃあ安く設定しておきたい」という人がいますが、それではダメです。合理的な理由のない安値は、見込み客さんを不安にさせてしまうだけです。そうではなくて、競合他社の価格帯が50万円だったら、あなたは１００万円と設定します。

そして、１００万円ならどのようなサービスや価値提供があれば、見込み客さんは買ってくれるかを考えるのです。この考え方は、従来はあまりされてきてはいませんが、価格設定ありきの商品構成となるため、自ずと高サービス商品がつくられ、顧客満足度も増加します。

その際のポイントは、「お客さまは価格の10分の１しか価値を感じない」ということです。逆にいうなら、１００万円という価格を設定したいなら、１０００万円相当の価値を提供しないと、見込み客さんに買ってもらうことは難しくなります。

競合他社の業界を叩いて、自分の商品を買ってもらう

もし競合他社が50万円で売っていて、あなたが１００万円で売りたかったら、競合他社を叩いて、あなたの商品を買ってもらうことができます。

このようにいうと、「競合他社を叩くなんて気が引けて嫌だ」という人がいます。具体的な１社を叩くのはモラル的にもマズいですし、競合他社の悪口を言う人から見込み客さんは商品を買おう

とはしません。

そうではなくて、競合他社の業界全体を叩けば大丈夫です。例えば、あなたが痩身エステをしていた場合、叩くべき業界は「サプリで痩せる」を謳っている業界や、「デトックス」を謳う業界、「スポーツジムで痩せる」を謳う業界などです。

つまり、間接競合の業界を痩せない証拠とともに叩くことで、あなたの商品を買ってもらうことができるようになります。お客さまは、今の取り組みがなぜ上手くいかないのか知りたがっています。知りたいのに解決策がわからないから、今の商品を使っているのです。

また、直接競合であっても、過去の自分たちの取り組みが不十分であったことを自白し、その解決策を補った商品を今回は用意できたことを謳うことで、自社や直接競合を叩くこともできます。

このように、競合他社を叩いて、自社の商品を買ってもらうという戦略は、極々あたり前に行われていますので、あなたが競合他社を叩くことに対して、気が引ける必要は全くありません。

では、どうやって叩くポイントを見つけるのか確認します。

ステップ①　あなたの間接競合を洗い出します

ステップ②　その業界では達成できないお客さまの願望やフラストレーションを洗い出します

ステップ③　あなたの商品やサービスでその願望を叶えることができる証拠を洗い出します

これにより出てきた「あなたができること」が間接競合を叩く材料となります。直接競合も基本的にはこの流れを、自業界に転用するだけです。

6　高単価にしてあげることがお客さまのためになる

高単価ほど相手の意識に留まる

もしあなたの中で商品を高単価化にすることを少しでも引け目を感じていたなら、それはむしろお客さまの未来を良くしたいという気持ちが欠如しています。

なぜなら、人は自分の懐からお金を支払うことで、初めてやる気スイッチがオンになるという特性を持っているからです。しかも、高単価になればなるほど、このやる気の度合いはどんどん高まります。無料より有料、安価より高価のほうが、成果が高くなります。

例えば、原価1万円の英会話教材を無料でもらった場合、1万円でもらった場合、10万円でもらった場合、あなたのこの英会話教材に対する意気込みは全く異なると思います。1万円だったら多少の出費はあるけど、1週間もすれば、支払ったことを忘れてすぐに手をつけなくなるかもしれません。これが、無料だったら、初めから手をつけないかもしれません。しかし10万円だったら、何とか回収しようと思い、最後まで、しかも何回も聴くかもしれません。

購入価格の高い・安いは、その商品やサービスをいつまで脳内に留めさせるかにも関わってきます。1万円ですと1週間かもしれませんが、10万円だと1か月は脳内に居続けるかもしれません。50万円なら3か月は脳内に居続けるかもしれません。

これが無料だと、5分後には脳内から削除されてしまうかもしれません。私自身も、無料でもらった50万円相当の教材を、一度も見ないで放置した経験があります。

もしあなたが、必ずお客さまに結果を出させてあげたいと思うのでしたら、とにかく価格を引き上げてください。最も簡単な価格の引き上げ方は、今のあなたのメイン商品の価格にゼロを1つ足す、これだけもお客さまの結果に対する意識は激変します。

高単価が効果効能を高める

高単価を取ることによって、同じメッセージや効果効能であって、そこから少しでも多く吸収しようとする行動が勝手に起きます。

例えば、同じような栄養ドリンク剤であっても、高いものを飲んだほうがなんか効くような気がするという経験をした人も少なくないと思います。

これは有名な「プラシーボ効果」にも通じるのですが、高いものなら効果があってあたり前と勝手に脳が判断して、効果が出るようなポイントを、脳が勝手に見つけ出して、後で帳尻を合わせてくれます。

あなたは無料で提供してあげることが相手のためだと思うかもしれませんが、実は相手のやる気を引き上げるには、きちんとお金をいただき、しかも単価を高く提供してあげることが、相手のためにもとても大切なのです。

7　高単価商品と低単価商品の併存がビジネスを安定させる

サラリーマンのような安定収入体系をつくる

一方、あなたのビジネスでみると、低単価商品のみで構成されていると、いつまで経っても自由な時間とお金を得ていく人生は難しくなります。アメリカのマーケッター、ジェイ・エイブラハムの有名な概念「オプティマイゼーション」では売上は次のように構成されていると謳っています。

売上＝顧客数×単価×リピート率

そして、顧客数は一定だとした場合、単価が低ければ、リピート率を上げるしか売上全体を上げる方法はなくなります。低単価であっても高いリピート率を維持し続けることができれば、問題はありません。

例えば、月会費1万円のサービスを受けている人が１００人いれば、それだけで月収１００万円です。これも1つのビジネスモデルです。

しかし、もっと自由なお金と時間を得ていきたいなら、高単価商品も組み合わせてあげると、ビジネス全体が立体的になり、安定していきます。月会費のビジネスが毎月の給料だとしたら、高単価商品はボーナスのようなイメージです。ボーナスは自分が頑張れば頑張るほど青天井で上がります。

例えば、300万円の商品を3人に売れば、それだけで一気に900万円です。毎月100万円の安定収入と、1月あたり300万円の収入があれば、それだけで4800万円の売上になります。

高単価商品のみだとビジネスがバクチ化する

さて、ここで考えていただきたいことがあります、仮にあなたには300万円の商品1本しかラインナップがなかった場合、何が起こるでしょうか？

例えば、5人のお客さまがいれば年商1500万円なので、ある程度心に余裕があるかもしれません。新規の見込み客さんが来ても、横柄な態度で扱ってしまうかもしれません。しかし突然、今までの5人が一斉に目の前からいなくなってしまったら、あなたは一気に一文無しの無収入者に転落します。2人いなくなるだけでも、今までの生活レベルは保てなくなります。

つまり、高単価商品1本で勝負をしていると、お客さまが順調にいるときはいいのですが、少しいなくなっただけで、一気に変動してしまう、とても不安定な状態になってしまいます。逆に、3万円の商品を500人に売っても、同じ1500万円です。

しかし、500人の人が一気に目の前からいなくなるということは、あなたが今まで通り価値を提供している限りなかなか考えられません。

オプティマイゼーションの式でみると、単価が高い商品とリピート率が高い商品をそれぞれラインナップにそろえ、ビジネス全体で売上を伸ばしていくイメージです。セールスファネルや集客商品・収益商品のように、一連の中で高単価と低単価を用意してもいいですし、全く別々の商品をつくり、それぞれで高単価と低単価を設定することも考えられます。リピート性の高い低単価商品に集まった見込み客さんに対して、高単価商品を販売することも十分考えられます。

低単価と高単価は組合せの方法なので、あなたのビジネスではどのような組合せが可能か考えてみてください。

8　既存商品は値上げをすることで時間とお金の自由を得て収益率が上がる

単純な値上げがビジネスを楽にする

では、既にビジネスを持たれている人で、低単価商品に束縛されてしまっている人は、どうすればいいのかお話しします。答えは簡単で「単純に値上げをしてください」です。

このようにいうと、そんなことをしたら今のお客さまがいなくなってしまう、誰も買ってくれなくなると言いたくなる人もいると思います。しかしそれは真実ではありません。同じ商品であっても、低価格帯を好む人もいれば高価格帯しか買わない人もいます。

例えば、あなたが注文住宅を販売していたとします。家の価格帯は安いと１０００万円前後から、高いと数億円、数十億円という価格もあります。今あなたが１０００万円の家を販売していたとします。つまり、あなたは単に１０００万円を支払う層にアプローチしているだけです。

【図表４　値上げは層を変える】

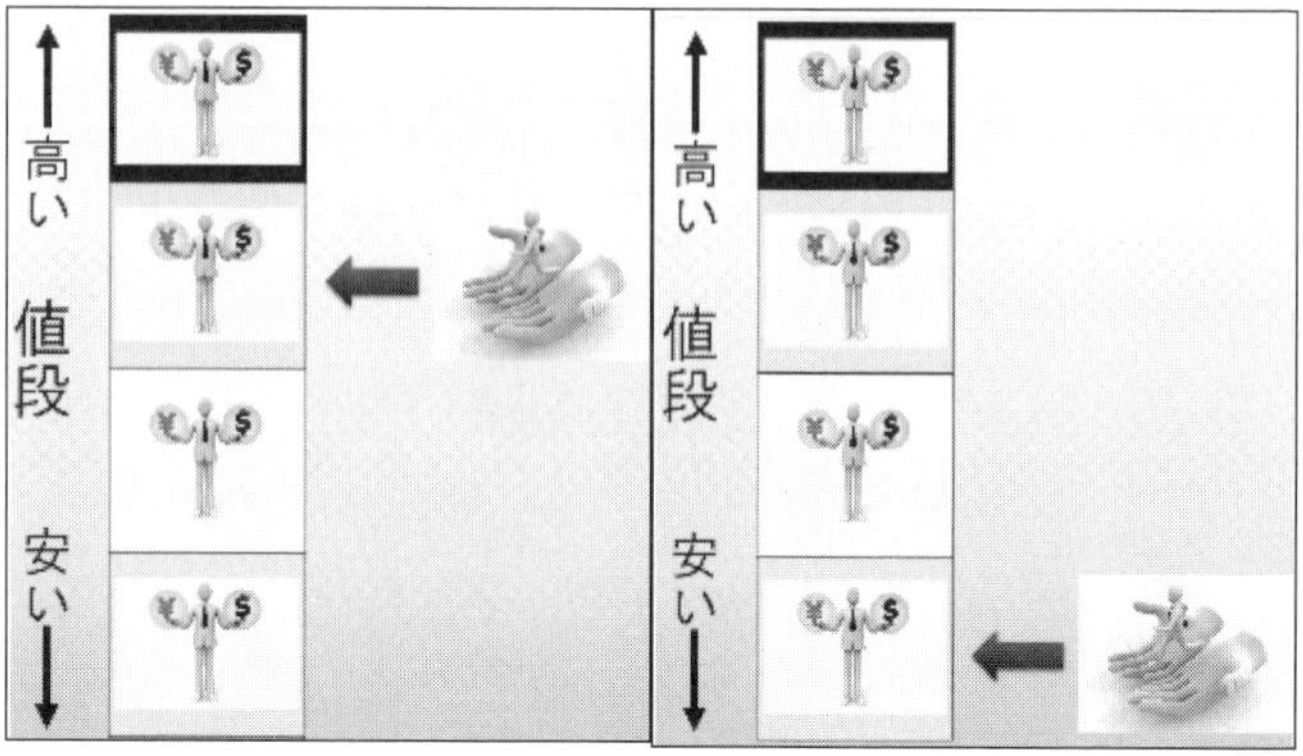

しかし、世の中には1億円の家を買う層もいますし、5000万円の家を買う層もいます。

そして、1億円の家を買おうとしている人は、1000万円の住宅展示場へは行きませんし、やはり1000万円の家を買おうとしている人も、5000万円の家には行きません。つまり、あなたが今1000万円の家を売っていたら、それは1000万円を買う層をただ狙っているにすぎないのです。値上げというのは、単にお客さまの層を変えるだけなので、決してお客さまがいなくなるということではありません。

さらに安値を求めてくる見込み客さんは、他に安値の店ができればそちらに流れます。あなたのビジネスを安定させたいなら、これからは少しでも値上げできないか考えてみることが必要になります。

値上げのメリット

値上げをすると何がよいのでしょうか。1つは、自分の時間をつくれるようになります。これまでより単価を上げることができれば、同じ売上高でよければ少ない労力でビジネスをすることができるようになります。少ない労力で、少ない時間でビジネスができるようになれば、集客に時間を使うこともできるようになります。逆に、価格を半分に下げると、同じ売上を確保するなら、お客さまが2倍必要になります。

しかし、2倍のお客さまを集めるというのは、そうそう簡単ではありません。当然、2倍のお客さまを集めるためには広告費がかかりますので経費がかさみ、売上が2倍でも利益が2倍になるとは限りません。値下げをすればするほど、集客の精度はどんどん下がり、多くの労力で少ない収入を得ていく負のスパイラルに陥りますので、値下げではなく値上げをしていく必要があります。

また、値上げをすることで、リピート客さんもつきやすくなります。値段が安いから買うお客さまは、他に安い店があれば、そちらに移ってしまう可能性があります。しかし、値段を上げて自由な時間をつくることができれば、顧客満足度アップに向けた労力を使うことができますし、高くても買い続けてくれるファンとなってくれます。

2つの価格帯をつくり新規客向けに値上げする

もしそれでも単純な値上げに抵抗があるようでしたら、2つの価格を走らせてください。

現在が5000円なら3万円の商品も一緒にラインナップに入れるのです。ただし、新規の方には3万円の商品のみを案内するようにします。新規の方は、先ほども言ったとおり、高い価格帯しか買いたくないという層がいるので、その層を狙って案内を出していきます。

2つの価格帯をみせるのは既存客向けです。その際には、新しい価格帯のほうが、価値が高いことをみせる必要があるので、特典などで満足度の高い商品へ昇華させていく必要があります。

例えば、3万円の商品には5万円相当の特典がついているので価値があるということをみせます。

スモールビジネスのとるべき価格戦略

個人や小規模でビジネスをされている方のとるべき戦略は、高単価高付加価値戦略です。

規模のメリットを持っている大企業などは、低単価でもビジネスは成り立ちますが、小規模以下のビジネスはそうはいきません。自分の労力＝商品となりがちなので、自由なお金と時間を確保したいなら、高単価にして、その分、大企業ではできない細かいサポートをすることで、お客さまに喜んで買ってもらえるような商品づくりをしていきましょう。

9　感情を動かす商品づくりと価格設定

なぜラウンジのコーヒーは高いのか

本章最後に、感情を動かす商品づくりと価格設定についてお話しします。

あなたは、ホテルのラウンジでコーヒーを飲んだことがありますか？

ラウンジでコーヒーを飲むと、１杯１０００円から１５００円ほどかかったりします。チェーン店で飲むと1杯２００円から３００円くらいですし、コンビニで買えば１００円なのに、ホテルラウンジで飲むだけで5倍から10倍以上の価格を払う必要があります。

なぜ、ラウンジのコーヒーはあれほど高いのでしょうか？

経済成長と価格の関係

少し固い話をします。

経済成長に伴い、提供される商品やサービスの価値はどんどん向上していきます。最初が「材料経済」、次に「製品経済」、次が「サービス経済」、次に「感情経済」です。それぞれステップアップするにつれて、提供される価値は2倍〜20倍も上昇するといわれています。そして、今の社会は「サービス経済」や「感情経済」が主体となっています。

ではなぜ、ホテルのラウンジのコーヒーはあんなに高いのでしょうか？「いい豆を使っているから」。それもあるかもしれません。しかし、コンビニや町なかのチェーン店より、５倍から10倍価格が違います。その違いが豆だけでは片づけられそうにもありません。

そこには空間という価値が入っているのです。私はクライアントさんと面談をするときには、極力いい雰囲気のところか、静かなところを選びます。

以前、クライアントさんとの面談ではないのですが、チェーン展開している喫茶店に入った際には、元気な学生が集まっていて、全く話込める環境ではなかった経験があります。これがラウンジだと、落ち着いた環境の中で、上質なお客さまサービスを受けられ、話に集中できます。

感情マーケティング―私たちはコーヒーを飲みにラウンジへはいかない

つまり、もはやコーヒーを飲みに行くのではなくその空間や時間を買うために、ラウンジという場所を使い、コーヒーはおまけのような立ち位置になっています。コーヒーという原価は、町なかの喫茶店とそれほど変わらないのに、価格を5倍から10倍つけることができるのはそのためです。

充実したサービスと、落ち着いて話せるという感情を上手く掴むことで、ホテルのラウンジの価格帯は成立しているのです。

いい材料や、いい製品・いい商品を謳い文句にする時代はとっくに終わっていますが、今後は日本が世界的にみても強みがあるといわれるサービス押しのビジネスも通じなくなります。そのサービスを通して、お客さまがどのような感情を抱き、どのような結果が得たいのかを把握しなければいけなくなります。

つまり、お客さまの真の願望に対する「おもてなし」です。決して、あなたの自己満足なおもてなしではいけません。

もしあなたが、「原価×3倍」というジンクスにまだ縛られているのなら、お客さまが得たいサービスや感情にフォーカスして、単価を上げられないか考えてみてください。

第3章　2ndステップ　〝あつめる①〟

業界の先輩をごぼう抜きし最前線で活躍する実績戦略

1　ゼロイチを達成するために欠かせない「認知×実績」

「商品」より大切な「戦略」

前章までで、商品構築について、お話してきました、もう一度おさらいですが、ビジネスは次の4つの要素が掛け算となり構成されています。

> 「商品」×「戦略」×「マインド」×「環境」

第2章では商品についてお話をしてきました。第3章と第4章では、戦略についてお話していきます。多くの人が、商品づくりにばかり時間をかけて、この戦略を蔑ろにしがちです。

なぜなら、商品をつくることは楽しいことなのですが、戦略をつくることは決して楽しいことではないからです。しかし、戦略を学び、その深さにどんどん魅了されることで、商品をつくるより、戦略を練るほうが好きという人が成功しているのもまた事実です。ですので、ぜひ戦略を身近に感じて、ビジネスに生かしてもらえるような話をしてきたいと思います。

スタートアップ期に陥る集客の罠

ビジネスの立ち上げときの、いわゆるゼロイチを達成するために必要なことは、集客ではありません。多くの人が、集客に困るのですが、その1つ手前に大切なことがあります。それは「認知」です。集客とは、見込み客さんや購入者を集めることです。しかし、そもそも見込み客さんにあなたの存在を知ってもらわなければ集めることすらできません。

例えば、ＳＮＳを使ってセミナーに集客しようとしても、そもそもあなたのことを知ってもらわない限り、あなたのセミナーに来てもらうことはできません。このセミナーに来てもらうフェーズが集客ですが、その前のＳＮＳであなたのことを知ってもらうことが認知です。

この認知をいかに高次元でできるかが、その後の展開に大きく影響をします。

セールスファネルの認知の段階で加速エンジンを効かせることで、その後の展開は楽になり、上手くいけば途中を一気にショートカットして、本命商品のバックエンド商品を買ってもらえることも十分に可能です。

無料媒体に踊らされるな！

今の時代は、多くの無料媒体があるので、ひと昔前だと何百万円もかけなければいけなかった認知活動が、無料でできるようになりました。たくさんの媒体が出てきたため、多くのきっかけづくりの機会を手に入れた私たちですが、その代償として、無駄な認知活動をたくさんする人が増え、無料媒体では集客できないと勘違いしてしまう人も多くなってきました。

無料媒体を使う際に大切なマインドとして、無料媒体はあくまでツールであり、「流行りの無料媒体の活用＝集客につながる」ではないということを頭に入れる必要があります。

「ビジネスをスタートするならブログを始めなきゃ」と多くの人が考えます。これは決して、コーチやコンサルタントなどのいわゆる先生業に限らず、モノづくり業など多くの業種でブログ戦略が取り入れられます。

しかし、私はクライアントさんに対して「無理にブログはやる必要がない」と言っています。なぜなら、ブログを書くこと自体がビジネスの本質ではないからです。

ビジネスは、商品をつくって、集客して、販売する。これが本筋の流れです。今の流れの中で、ブログを書くという要素は一度も入ってきません。ブログを書くことやホームページをつくることは、すべて本筋からみると外堀でしかありません。しかし、多くの人がビジネスを始めるとブログを書こうとします。なぜなら、ブログを書いていると、ビジネスをやっている気になるから、あるいは、ブログを教える人が、ブログをやるのは当たり前と大々的にいうからです。

面談をしていると、たまにこういう人がいます。

私　：今どのような活動をしているのですか？

相手：ビジネスを始めたので、まずはブログを書いています。

わかりますでしょうか？　今の相手の回答の中に、本筋につながる内容が入っていないことが。

私の期待する回答は「ビジネスを始めたので、お客さまを見つけて商品の提案をしています」です。これなら、その方は自分の価値をお客さまにいち早く届けようと努力しているとみえますので、少し行き先を整えてあげることで成功することができます。

しかし、ブログを書いていますという人の場合は、まだ見込み客さんを探したり提案したことがないので、なかなか収入は生まれません。

ビジネスの本質は、商品をお客さまに届けて販売することです。それなら、あなたがすべきことは、ブログをコツコツ書くことではなく、マーケティングを学んで見込み客さんを集めて、セールスを学んで商品やサービスを提供することです。

2　あなたの奥深くに眠る実績を掘り起こせ！

見ず知らずの人を信頼するほどのお人好しはいない

認知とともに大切なのは信頼です。ゼロイチを素早く達成したいのなら、この「認知と信頼」の獲得を大前提に行動しなければいけません。ここでは信頼についてお話をしていきます。

あなたはいきなり赤の他人から「私を信頼してくれ！」と言われても、見ず知らずの人をいきなり信頼なんてできないと思います。では、人は何に対して信頼をするのでしょうか？

例えば、プロ野球で誰を先発メンバーに選ぶのかは、何を基準にしていると思いますか？　当然よく振れていて調子がいい人を基本的に選びます。今シーズン調子がいい、ここ5試合絶好調など。その調子の良さを信頼して、先発に選びます。もちろん、長年の経験の蓄積から先発に選出される選手もいます。すべての選手に共通していることは、実績があるということです。

いきなり監督に「私を信頼して先発で使ってくれ！」と直訴したって使ってもらえるはずがありません。監督の口からは「君にはどんな実績があるんだ？」と言われるでしょう。そのときに何も提示できなかったら、信頼されずに使ってもらえません。

しかし、そのときに「僕は大リーグでホームランを70本打ち、首位打者も10回、打点王も8回取っている」と言えたら、（それが真実なら）監督は喜んで使うはずです。これくらい、信頼と実績は密につながっています。

お金より大切なリソースとは

これから、あなたがビジネスをスタートする際にも、実績を常に意識し続けてください。私が起業前や起業直後で何を意識してきたのかというと、「リソースの量」＝「お金の量」ということを意識しました。リソースが少ないうちは労力に頼らないといけません。しかし、だんだんとリソースが増えてくると労力から解放されてくるので、初めはリソースを増やすことに注力してください。

このリソースとは一体何なのかというと、例えば、知識、経験、実績、お金、人脈などです。ただし、リソースの価値というのは平等ではありません。特に、リソースとしてのお金の価値は最も低く、例えば、お金はいつでも稼げますが、それを稼ぐために失った時間は取り戻せません。つまり「お金＜時間」です。同様に「お金＜実績」です。お金は使えばなくなりますが、実績や知識などは、使えば使うほど磨かれて輝きます。特にスタートアップ直前直後は目の前のお金を追ってはいけません。とにかく、価値の重いものから追っていくことを常に意識します。

そして、価値の重いものが手に入れば、自然と価値の低いものは、勝手に入ってくるようになります。つまり、実績をどんどん追い求め、手に入れることで、勝手にお金は入るようになります。

過去の自分の変化を実績にする

過去の経験からビジネスを構築するのと同様に、過去の経験から実績を見つけ出すことも大切です。これも面談時によく聞く言葉なのですが、「私は全然成長していなくて…」と言われます。

しかし、成長していない人なんていません。人は時間の経過とともに変化をしていきます。ところが、成長していたとしても、短期的なスパンではその瞬間の変化率が小さいためになかなか気づくことができないだけなのです。

例えば、新入社員で入社した頃はできなかったことも、数年が経過した今では寝ても覚めても無意識にできることがある人もいると思います。その場合、今のあなたの現実ではその仕事があたり前なので、改めて成長したということに気づきにくいのですが、実際には大きな成長を遂げています。あなた自身が

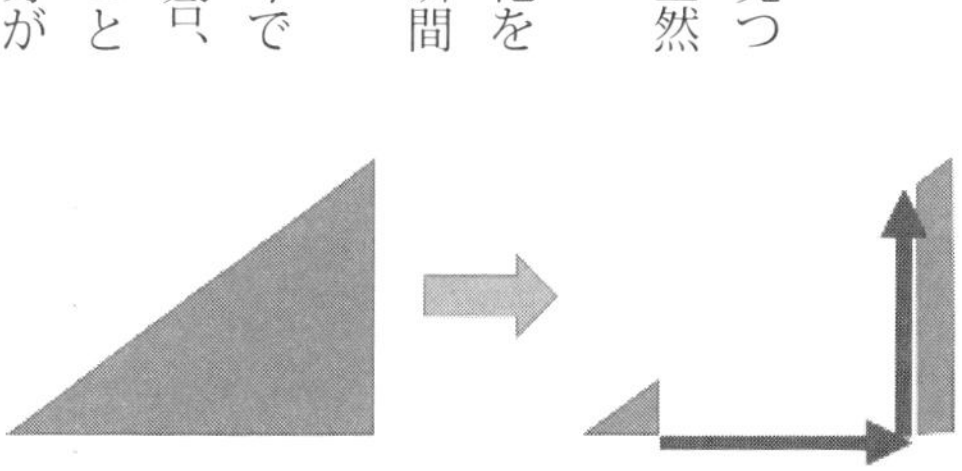

本当に成長をしていないのか確認するには、これまで経験した過程をすべてカットして、初めと現在とだけを比較してみてください。

ある織物を扱っている方と面談をしていた際に、ビフォーアフターを見つけるために、この織物に出会う前と出会った後について伺っていました。

しかし最初は、特に変化がないと言っていたため、出会った後から、今に至るまでの過程は全て排除して、出会う直前と、現在だけを比較していただきました。すると、明らかに今のほうが精神的にも充実していて、いい生活ができているというのです。

全体の伸びが緩やかだったため、変化に気がつけなかったことが、最初と最後だけをフォーカスしてあげると、実は明確な変化が見出され、それがあなた自身の中から探り出すことができる実績なのです。あなたが今のビジネスを始めるために費やした時間が実績であり、あなたの変化そのものが、かけがえのない実績なのです。

3　ビジネスが大きくなる5つのステップ

コツコツやっていたら追い抜かれる時代

これから独立起業する人、あるいは既にビジネスを持たれている人が共通して行わなければいけないある大切な要素があります。それは、あなた自身が持っている価値をどんどん高めることです。

あなたが手掛ける業界には当然ながら先輩起業家がいます。これから先フリーランスの人が増えてくる世の中では、後輩起業家もどんどん増えます。そのような時代の中で、あなたという立ち位置をしっかり築いていかないと、あっという間に敗者になってしまいます。

ビジネスをゼロから立ち上げる、あるいは新規事業をゼロから立ち上げる際には、必ず次の流れを辿ります。

知識↓経験↓スキル↓実績↓信頼

これからやろうとしていることに対して、まだ知識がなければ、知識を入れるところからスタートします。そして、その知識を第三者に提供して経験を積み上げます。経験の繰り返しを行うことで、寝ていても話せるほどのスキルに変わります。

今の仕事を3年くらいやっていれば、仮に寝起き直後であっても、問題なくできると思います。それがスキルのフェーズです。そのスキルを第三者に提供し続けると、第三者にもいい変化が現れます。これが実績です。

そしてその実績が蓄積されることで、あなたに対する信頼が構築されます。この信頼のフェーズにまで達してしまえば、あなたはその人に対して、どのようなものでも売れるようになります。「○○さんが言うなら買ってみよう！」となるのです。

得体がしれず、根拠もよくわからないようなツボを買わされてしまうのも、一瞬でもその詐欺師のことを信頼してしまうからです。それほど信頼とは強力なものなのです。

日本人に根づいた成功を遠ざける意識

そして日本人は律儀なので、コツコツとか下積みということを美徳とします。しかし、下積みをしている間にも、新規客さんは先輩起業家から商品を購入し、新人起業家との実績の差をどんどん広げていきます。

また、ビジネスを構築していく中で、ニッチを極めましょうという話を聞いたことがある人もいると思います。つまり、業界を細分化して、「○○専門」といったり、さらに「○○な○○専門」とどんどん専門性を高めていくのです。しかし、これまでの時代はそのやり方でもよかったのですが、これからの時代は、その専門分野を見つけること自体がとても難しくなります。まして、フリーランスの増加により、後輩起業家が流れ込んでくるビジネス環境の中で、狭く特化した優位性を見つけるのは、砂漠の中から砂金を見つけるようなものです。

これからの群雄割拠の時代は、先輩起業家に一気に追いつき、一気に追い抜いていく、そして、業界の覇権を取ってしまう、そのような戦略が求められます。

ビジネスが大きくなる順番は知識→経験→スキル→実績→信頼だと前述しました。もう一度いいます。コツコツ下積み時代を経験するのは、これからの時代では成功者になれません。非常識な戦略が求められるのです。

もしあなたが、いち早く成長し、業界の勝ち組になりたいのなら、コツコツするのではなく、一気に駆け上がる行動を取るようにしてください。

4　全くのゼロでもある媒体を使って自ら実績をつくる方法

圧倒的な実績をつくる最初の一歩

では、実際にどのようにしたら、一気に業界の先輩たちと肩を並べて、一気に追い抜いていくことができるのでしょうか。ポイントは「実績」です。

ひと昔前と比べ、今の時代は無料で認知活動をすることもできれば、無料や安価で圧倒的な実績をつくることもできます。その代表例が、Amazon Kindleでの電子書籍の出版です。

多くの人が、本を出すということに権威性を感じ、著者を先生と評します。もしあなたのビジネスがプロを相手にするものでしたら、それほど権威性は必要なく、むしろ機能面の優位性を提示することで競合他社に勝てます。なぜなら、プロはそのわずかな違いにも気づき、あなたのほうが競合他社より優位性が高いと思えば買ってもらえるからです。

しかし、素人相手にビジネスをする場合は違います。素人は、あなたの商品やサービスと競合他社の商品やサービスとのわずかな機能の違いには気づくことができません。地上から雲を見上げても、どの雲が他の雲と比べて、具体的にどれくらい高いのかわからないのと同じです。

では、素人は何で商品選択をするかというと、その会社の認知と『実績』です。別の言い方をすれば、ブランド力です。

強力なブランドパワー

そもそもブランドとは、北欧で、牛に焼印を押し、他の家畜と区別するために行われていた行為であり、「違い」や「品質保証」を表すために行われていたものです。

このブランド力はビジネスを展開する上で、とても大きな力を与えます。それがどれくらい大事かというと、例えば、日本の自動車メーカーといえば、あなたはどこの会社を思い浮かべますか？

「トヨタ！」という人が多いと思います。

しかし、日本メーカーはトヨタだけではないです。他にどのようなメーカーがありますか？ホンダ、日産、スズキ、ダイハツ、三菱、スバル、マツダ、光岡、日野、いすゞなど、実に多くの会社が日本には存在しているにもかかわらず、日本車といえばトヨタと印象づけられています。

この印象づけられるということは、とても大事なことなのです。

例えば、トヨタ以外の会社が、富士山の後ろから太陽が昇り、その手前の道を車が疾走して、新幹線とレースするような日本や和をテーマにした車のコマーシャルをした瞬間に、ＣＭの最後に「NISSAN」や「HONDA」とロゴマークが出たとしても、みんな買いに行くのが「トヨタ」になってしまうのです。なぜなら、脳内でのイメージが、トヨタのほうが先行しているからです。

見込み客さんの脳内の記憶を保有したということは、その瞬間に、どのようなものでも、そのタイプのコマーシャルをやってしまったら、その1番の会社が売れてしまうのです。だから、他の会社は大変です。トヨタに勝ちにくいというのはそういうことです。別の方法でやるしかないのです。

見込み客さんフェーズ２に有効なブランド戦略

また、ブランド力を高めることは、見込み客さんのフェーズ2の人（その問題を解決するために、自ら解決策を探しに動いている人）にとても有効です。フェーズ2の人は、問題を解決するために既に行動をしている人であり、その人の目の前に、あなたの商品やサービスを置いてあげることで購入してもらえる可能性が高まります。

例えばあなたが痩身エステのサービスを行っていて、フェーズ2の人が、痩せたいと思いついたときに、真っ先にあなたの名前が出てくると、あなたの痩身エステサービスの購入率は高まります。

もしあなたが物販をしていても同じです。その商品が解決できる課題に対して、その課題を抱える見込み客さんが、最初にあなたのことを思い出してくれるならあなたの商品は売れます。

つまり、ブランディングとは見込み客さんや既存客の脳内ＳＥＯを上げていくイメージです。あなたのブランド力が高まり、「あなたといえば○○」となり、さらに「○○といえばあなた」となれば、見込み客さんの脳内ＳＥＯの上位を確保したも同然です。

このような意味で、トヨタは、自動車を買いたいという見込み客さんの脳内で、「トヨタといえば自動車メーカー」という存在から、「自動車メーカーといえばトヨタ」という存在になることで、日本車の中でも圧倒的な存在になったのです。

あなたもぜひ「○○といえばあなた」といわれるような強力なブランド構築にチャレンジしてください。

著者としての自己ブランディング

さて、Amazon Kindleを用いた著者としてのブランディングについてお話していきます。実はAmazonで電子書籍を出版すること自体は、決して難しくなく、無料で誰でも出すことができます。簡単な手順を示すと次の通りです（執筆時点）。

アカウント開設フェーズ

①Yahoo!やGoogleなどの検索ワードで「Amazon ダイレクト・パブリッシング」と検索して出てくる、「Amazon Kindleダイレクト・パブリッシング」のサイトを開く
②電子書籍用のアカウントを開設する

出版フェーズ

①Microsoft Word等で文章を作成する
②別途、書籍の表紙を準備する
③ダイレクト・パブリッシング上でアップロードする
④アップロードが完了するのを待つ

この過程では、料金は1円もかかりません。すべて無料でできます。ただし、これほど簡単に、誰でも出せることをまだ知らない人が多く、Amazon電子書籍の著者＝権威のある人という認識があるため、ぜひAmazon電子書籍の出版をしてみていただきたいと思います。

また、Amazon電子書籍が無料で出せるということを知っている人にとっては、電子書籍を出したことが、すぐに権威になるとは限りません。

そこでチャレンジしていただきたいのが、Amazonランキングで1位を取ることです。

Amazonランキングにはいくつかの種類があり、売上ランキングや新着ランキングなどあります。

また、電子書籍のカテゴリーは大分類から、小分類まで分かれており、小分類だと、1時間のうちに30冊くらい買えば、何かしらの部門で1位を取れる可能性があります。ですので、電子書籍がAmazon上で発売されたら、家族や親戚、友人・知人などに連絡して、同じ時間帯で買ってもらう、ことで、あなたもAmazonランキング1位の著者になることができます。

その際の注意点は、Amazonランキングは1時間集計のため、購入後数時間以内には、ランキングを確認しましょう。また、1位を取れていたら、その画面をスクリーンショットして、証拠として押さえておくようにしてください。

購読後の次のステップを意識して書く

実際に執筆していく際には、着地点を意識して書き進めるようにします。書籍を出す目的は、想いや伝えたいことを話す「作品」のほか、権威やメイン商品の販売ツールとして『名刺』『チラシ』の３つがあるといわれています。

今回の電子書籍も、ロイヤリティで稼ぐというより、自己ブランディングとして、初めてお会いした人から専門家や先生という立ち位置を獲得するために行うのですが、せっかく書くなら、本を読んだ人がそのまま本来のセールスファネルの流れに乗ってもらったほうがよいです。

そこで、電子書籍自体を最初のきっかけとしたり、最初のきっかけをつくった人にオファーとして使うなどして、本を読んでくれた人が、メルマガを登録してもらったり、セミナーや個別セッションに来てもらうような流れをつくれたら、ビジネスの流れをつくることができます。

なので、ぜひ着地点を意識して執筆してみてください。

5 実績を秘宝にせず、どんどん外に出していく

実績を眠らせずに、外で活躍してもらう

あなたの中から実績を掘り起こしたり、Amazonランキング1位の著者になるなどして、人に誇れる実績をつくったにもかかわらず、その実績を外に公表しない人がいます。これはとてももったいないことです。実績はあなたの自己満足を満たすツールではありません。実績は新たな見込み客さんを目の前に連れてくる強力な呼び水です。

目の前の見込み客さんがあなたを選ぶか他社を否かは、相手が感じる実績の内容次第だと思ってください。そのためにも、あなたは実績を告知しないといけません。告知しない実績は無価値です。

私のクライアントさんの中でも、Amazonランキング1位の著者になっている人は何人もいます。

しかし、その1位の称号を、アピールするかしないかは人それぞれです。日本人の気質として、誇れるものを外には出さずに、内に秘めるという特質があります。あまり目立つようなことはしないで、周りと調和していくという意識です。私生活はそれでもいいかもしれませんが、ビジネスの世界では逆効果です。それではせっかくビジネスを大きく飛躍する貴重なチャンスを、ミスミス手放しているようなものです。新しい実績ができたら、すぐに公表していくことを忘れないでください。

6　最初の出会いがあなたの立ち位置を決める

最初の７秒が成否を分ける

営業の研修を受けていると、「最初の印象を大切にしてください」と指導されたりします。具体的に「最初」ってどれくらいの秒数なのか意識したことありますか？

心理学の初頭効果では、最初の７秒がその後の印象を決定づけるといわれています。そのため、最初の７秒の印象が悪いと、その後いくらあなたが頑張って話をしても、ずっとその悪い印象があなたの前に立ちふさいでしまいます。

もし相手があなたのことを「私に商品を売り込んでくる営業マンだ」と認識されたら、あなたのその後の話は何を言ってもセールストークに聞こえ、相手が商品を買ってくれることはほぼ不可能になります。

後日会うほど人は暇ではない

しかし、この最初の接点を甘くみている人が実にたくさんいます。ここでは挨拶だけに留めて、後日連絡をして、時間をかけてゆっくりと信頼を構築していけば、すぐに自分の商品を買ってくれると考えているのです。実は私も営業時代はそうでした。しかし、その考え方が、ビジネスの成功を遠ざける大きな罠なのです。

あなたは、どこかの交流会で知り合った人の中で、実際にその後もやり取りをしている人は何人いるでしょうか？　その場で初めて会って、相手のこともよくわからない人と、後日ゆっくり喫茶店で会おうなどと考える人は滅多にいません。

名刺の良し悪しで成約率が大きく変わる

特に注意が必要なのが、名刺です。日本では多くの場合、初めての人と会うと名刺交換をします。ありきたりの何の印象もない名刺をつくってしまうと、その他大勢に紛れてしまい、二度とあなたの名刺は名刺ホルダーから日の目に出てくることがなくなってしまいます。「何かお困り事があればいつでもご連絡ください」と決め台詞を言ってしまったらもう最後です。あなたの存在は3分後に相手の頭から完全消去されます。

実際に、私自身も、独立起業をする前の会社員時代にいただいた名刺を整理するために、破棄作業をしながら、いただいた名刺の中から、何人に再度連絡をしたかと数えたら、本当に数名程度しかいませんでした。名刺の枚数は数百枚です。

あなたの名刺は何を意識してつくっていますか

あなたの名刺は何を期待してつくられていますか？

例えば、名刺を渡した途端、「ぜひ買わせてください！」と言われたり、後日「先日名刺交換をしたものですが、貴社の商品を買いたいと思います！」と言われることを期待していませんか？

では実際にそのような経験をしたことがある人がどれくらいいるのかというと、ほぼ皆無だと思います。稀に本当に「今まさにその商品を探していた」という人と出会うことがあるかもしれませんが、それこそ砂漠の中から砂金を探すようなものです。

こんな偶然を期待していては、ビジネスは成り立ちません。

名刺の役割は、「相手の興味を引き出すだけ」です。相手に「Ｗａｏ！」と言わせれば役目は完了です。

あなたのサービス内容を固定させる名刺

また、名刺に業務内容を書いてはいけません。業務内容＝これから売りつけたい商品だからです。

すると、あなたの存在は営業マンになります。

さらに、このサービス内容を入れてしまうと何が起こるのかというと、例えば税理士さんの名刺で裏面に一通りの税理士業務が書かれていたとすると、相手は「この税理士さんは他の税理士さんと何も変わらない」というレッテルを貼ることになり、本当に税理業務が必要になった場合のみ、その人があなたのことを覚えていれば、あなたにお願いすることになるかもしれません。

しかし、それでは世の中に無数存在する税理士の中で勝ち抜いていかなければいけませんし、価格競争に陥ってしまう恐れがあります。さらに、本来もっといろいろなサービスができる可能性があるにも関わらず、月額数万円の顧問料が入ってくるだけの「普通の税理士です」と、自分で自分を型にはめてしまうことになるのです。これは非常にもったいないことです。

名刺も立派な広告費です。お金をかけてつくるからには、それに見合うだけの対価を得なければ、ビジネスは上手くいきません。決して、お金をドブに捨てるようなことはしないでください。

名刺に必要なある重要項目

では、何を名刺に入れたら相手に「Ｗａｏ！」と言わせることができるかというと、これまで何度も話している『実績』です。この実績があることで、相手はあなたのことを営業マンから専門家へと勝手にアップグレードしてくれます。

しかし、「自分にはすごい実績など持っていない」と下を向いてしまうかもしれませんが、顔を上げてください。実績というのは、見せ方次第で「嘘をつかずにすごい実績」と見せることができます。ポイントは嘘をつかずに、今持っている経験を「最大限に見せる」ことです。

実績を輝かせるには

例えば、以前お話した方でこういう人がいました。ＷＥＢ系の仕事をしていたのですが、当初本人の口からは「私には実績がない」とはっきり言っていました。しかし、その人とお話していく中で次のような点が見えてきました。

・あるお客さまにつくったＷＥＢシステムが1年半かけて２００万円の売上をつくった
・そのシステムをつくるのにかかった日数は３日
・その出来事自体が5年ほど前

この話を聞いて、あなたならどのような見せ方をするでしょうか？　私は次のように見せました。

「２００万円稼いだシステムをたった3日で構築」

稼ぐのにかかった年月は言う必要がないことです。さらにその出来事自体が5年ほど前であることもいう必要がないことです。要は、嘘をつかずに、実績が一番輝く見せ方をしてあげることで、相手から、「ぜひ話を聞かせてください」と言っていただけるようになるのです。

セールスファネルのきっかけ・認知の段階で加速エンジンを効かせる

ここでは名刺をつくる際のポイントをお話しながら、最初の出会いの大切さをお伝えしてきました。しかし、最初の出会いは何も交流会やお茶会などのようなリアルの場だけとは限りません。最初の出会いがチラシかもしれませんし、ホームページかもしれません。

ポイントは、最初に出会ったときに、相手があなたのことをどのような立場の人間だと認識するかです。最初の段階で専門家を勝ち取れれば、あなたのセールスは楽になるし、営業マンとみなされれば、セールスは難しくなります。セールスファネルの一番最初の段階「きっかけ・認知」で最高の加速エンジンを効かせることができれば、その後のフェーズは楽になるので、できるだけ最初の段階で力を入れるようにしてみましょう。入口でコケる人は、その後どんなに頑張っても報われることはありません。すべては、初めの7秒で、あなたの価値は判断されます。

7　WEBで集客するにはリアルのアプローチが必須ーWEB戦略の罠

スタートアップ期に頼るWEB集客

近年、どんどん発展しているのがSNSを中心としたWEB戦略。ホームページやブログ、Twitter、Facebook、インスタグラム、YouTube、LINE、LINE＠などなど。また無料の告知サイトも多数あります。

しかし、特にスタートアップ期に、このようなWEB上で集客を始めると陥る罠があります。それは、WEB上だけで集客を完結させようとしてしまうことです。

初めからWEBだけで集客を完結させるのは、当初から用意周到にやらなければ、なかなか上手くいかないのが現実です。私も多くの方とお会いしていく中で、この罠に陥っている人を数多くみてきました。「ブログで集客できるらしいからブログを書こう」「Facebookで集客できるらしいからFacebookを使おう」と。

Facebookだけで集客まで完結させることは不可能ではありません。

私のクライアントさんも、私との初めての面談後、Facebook戦略を用いて１週間で１２０万円の売上を上げた人もいますし、10日で16万円の売上を上げた人もいます。

しかし、これはかなり用意周到に行わなければ上手くいかないため、その一端を第４章ではお伝えします。

ＷＥＢ集客に必要な個別アプローチ

実際にＷＥＢ上で告知しただけで、すぐ見込み客さんがあなたの前に殺到することなど滅多にありません。特に、認知や信頼がまだ低いゼロイチの段階では、ＷＥＢ上への投稿に加えて、可能性が高い人への個別アプローチをする必要があります。その際には実績を併せてお伝えすることを忘れないでください。

例えば、前述したＳＥＯで1位になっても売上が上がらない人の事例でみるならば、その人はどのようにして、その独自のキーワードから集客させればよかったのでしょうか。どうしても、その独自キーワードでいきたいなら、そのキーワード自体を知ってもらう認知活動をする必要があるのです。認知活動であなた自身のことを知ってもらうのと同様、認知活動でそのキーワード自体と実績を広く周知し、その上でその方のページに呼び込むことが必要でした。

インターネットを活用した集客はとても魅力的ですし、何か魔法のツールのようにみえたりしますが、現実はその前に、多くの泥臭い戦力があるのです。

プライベートジム会社の戦略

プライベートジムのライザップは、まだ有名になる以前からホームページでガンガン集客をしていました。

新鋭のライザップがホームページで集客できているのを知った競合他社は、ライザップと同じようなホームページをつくれば同じように集客できると思いつくりましたが、なかなか上手く集客できませんでした。ライザップとその他の会社とは何が違ったのでしょうか。それは、ライザップはホームページの前にチラシを置いていたのです。

チラシでまずライザップの実績を知ってもらい、興味を持ってくれた人に「ライザップ」と検索してもらい、ホームページから集客していたのです。それが今ではCMに移行しただけで、ライザップの戦略は初めからWEBのみで集客しようとはしていません。

あなたもこれからWEBを活用した集客をしようとしているかもしれません。しかし、当初からWEBだけの力に頼るのではなく、ぜひ個別アプローチの力も使って、ゼロイチを成し遂げていただきたいと思います。

第4章

2ndステップ〝あつめる②〟
1対1から、1対多に切り替えるマーケティング戦略

1　マーケティングとは1対1を1対多にして、お客さまを目の前に連れてくる行為

マーケティングの本質

本章では、第3章で実践した具体的なマーケティング戦略をさらに発展させるお話をします。

マーケティングとは簡単にいうと、世の中にいる見込み客さんをあなたの目の前に連れてくるまでの行為を指します。そして、もう1つ付け加えるのならば、1人の見込み客さんではなく、多数の見込み客さんを目の前に連れてくる行為を指します。

「イチ」の行為に対して、「多数」の反応を獲得していくことをマーケティングとも呼びます。そして、目の前に来た人にあなたの商品やサービスを案内することをセールスといいます。

この1対1から1対多に発展させるマーケティングは見込み客さんのフェーズ3の人（その問題を解決するために、他者の商品やサービスを買っている人）にももちろん有効ですが、フェーズ2の人（その問題を解決するために、自ら解決策を探しに動いている人）にもとても有効です。

見込み客さんはどこにいるのか

そもそも、見込み客さんはどこにいるのでしょうか。特にあなたの商品やサービスを買う文化が

できていて、あなたの商品やサービスを買いたがっているフェーズ３の人ですが、そのような都合のいい人がどこにいるのかと思うかもしれません。しかし、答えは簡単で、競合他社にいます。

例えば、最も簡単に競合他社からお客さまを奪う方法をお伝えします。もしあなたが美容院を経営していたとします。競合他社にはない技術があり、来店された人は誰しもが大満足で帰られるのに、集客だけが上手くいかない場合（こういうケースはよくあります。つまり商品は完璧なのに、戦略がゼロのケースです）、近隣の競合他社の店舗の前で、店から出てくる人にチラシを配ればいいのです。もし店の前で配ることに抵抗を感じるのでしたら、店舗の出入り口が見える少し離れた場所で、バイトを雇ってチラシを配らせれば解決です。

近隣の店舗から出てくる人でしたら、近隣に住まいの人でしょうし、髪を整えるという願望に対して、お金を払って美容院で整えてもらうという文化のできている人なので、ぜひあなたの場合はどのようなやり方があるか検討してしてチャレンジしてみてください。

文化が行動を支配する

少し話は横道にそれますが、これまで「文化」という言葉を何度も使ってきましたが、この文化はマーケティングをする上でとても大切な部分なのでお話します。

例えば、あなたは今まで５０００円のマッサージを受けたことがありますか？　あるという人もいれば、ないという人もいると思います。では、５万円のマッサージはいかがでしょうか？　もちろん、あるという人もいるかもしれませんが、5000円のマッサージよりは人数は減ると思います。受けた経験がないという人のほうが圧倒的に多いのではないでしょうか。

もしあなたが5000円のマッサージを普段受けていたら、旅行先で5000円のマッサージがあれば、体が疲れていれば受けてしまうかもしれません。しかし、旅行先のマッサージが5万円だったら、受けることはしないでしょう。つまり、その人の中には5000円までだったらマッサージを受けるという文化ができているのです。逆にいうと、5万円のマッサージを受けるという文化がないため、目の前に5万円のマッサージが現れても、見向きもしません。

同様に、これまで一度もマッサージを受けたことがない人は、例え肩が凝っていて、目の前に敏腕のマッサージ師が現れても、お金を払って施術してもらうという行動には移しません。

もしあなたがマッサージ店を経営していて、この一度も施術を受けたことがない人をターゲットにビジネスをしていたら大変です。相手は数十年間マッサージを受けたことがないという文化で凝り固まった思考をまずは解きほぐし、マッサージの必要性を知ってもらい、無料ではなくお金を払うことの必要性まで認識してもらうことをしなければいけないからです。しかも、たった数十分という短い時間で、数十年間の文化をひっくり返すのです。

あなたがやるべきことは、競合他社にいるお客さまを自分のお客さまに引っ張ってくることなのです。そして、フェーズ3の人へ1対多のマーケティングを仕掛けることができれば、あなたの集客力は格段に飛躍しますし、フェーズ2の人へも同じように展開することができます。

2　無料媒体を使った認知活動──貢献は人の為ならず

１対１マーケティングから１対多マーケティングへ

では、具体的にどのようにしたら1対多のマーケティングができるのでしょうか。

1対多マーケティングの代表例といえばテレビCMです。インターネット上のリスティング広告やFacebook広告などもそうです。つまり、お金を払って無数の人に自分の情報を届けることです。この費用をかけた広告活動は昔から行われている常套手段なので、きちんと広告作成会社と組んで行うことで大きな効果を得られることが期待されます。

しかし、問題は大なり小なり費用がかかること。例えばテレビCMは、１回流すだけでも数十万円から数百万円かかりますので、スタートアップ期の個人にはなかなか手が出せません。

そこで活用したいのが、やはりSNSです。Facebookをはじめ、Twitterやインスタグラムのほか、YouTubeなども積極的に活用していきたい媒体です。そこであなたのことを広く知ってもらい、集客につなげていくというのが、広告費をかけずに売上を上げていく主流となっています。

ＳＮＳにあぐらをかくと見込み客さんに嫌われる

SNS、特にFacebookを使っていると、よくこういう人に出会います。友達になった瞬間に

Facebookの機能でもありますメッセンジャーで、このようなメッセージが届くのです。

「お友達になっていただきありがとうございます。あなたは普段の生活に満足していますか？私はこういうビジネスをしていまして、あなたにも絶対に役に立つので、ぜひ一緒にやりませんか？普段はメッセンジャーを使っていないので、ぜひLINEに登録してください。お待ちしています。」

このようなメッセージの成功確率はわかりませんが、冷静に分析をしてみたいと思います。

相手の信頼を失うメッセージ発信

ビジネスの根源中の根源は何かと聞かれたら、それは相手への「貢献」です。ビジネスをしていると、よく一緒にビジネスをしませんかとお声掛けをいただくことがあります。それは凄くありがたいのですが、中には「まずは私から稼がせてください」という人がいます。自分が稼いだら、初めてあなたにも稼がせますというのです。これは貢献とは真逆の行動です。

SNSをやっていても同じようなケースによく出会います。もちろん、リアルの出会いの場でもそういう人はいます。先ほどのケースはもちろんですが、「今度こういう説明会をやるので来ませんか？」や、「ぜひ先輩と会ってください」というような人も基本的には、相手への貢献というより、自分たちの稼ぎのために呼ぼうとしている人たちです。

相手から奪ってやろうという思考の人から商品を買いたいという人はいませんし、そのような思考法の人と一緒にビジネスをやろうという人もいません。

貢献の積み重ねが信頼を構築する

ビジネスの根源中の根源は「貢献」であり、貢献が大事だということを聞いたことがある人もいるかと思います。なぜ貢献が大切なのでしょうか。それはすべて自分に返ってくるからです。

ビジネスは、知識↓経験↓スキル↓実績↓信頼という流れで立ち上がりますが、貢献をするというのは、信頼残高を蓄積していくことにつながります。

しかも、知識のフェーズの段階でも、その知識をどんどんアウトプットして、その情報を得たい人に届けてあげることで、経験がない段階のあなたにも信頼は蓄積されていき、信頼残高が十分に溜まると、「もっとお話を聞いてみたい」「直接お会いしてみたい」となります。

つまり、他人のために発信している情報も、全てあなた自身に返ってくるために行っているのです。まさに、情けは人の為ならずではないですが、「貢献は人の為ならず」として、貢献がとても大きな意味を持っているのです。

そして、情報の受け手は、自分にとって有益な情報を発信してくれるあなたのことを信頼し、多くの人から与えられる、あなたへの信頼残高はどんどん膨らみます。しかし、ここであなたがしなければいけないことがあります。それは相手があなたにお返しをする機会を提供することです。

仏教の教えからみるお返し文化

仏教のある教えではこのようなお話があります、お釈迦さまは、道ゆく人に「何か私に恵んでください」ということを言います。なぜなら、布施には3つの種類（財施・身施・法施）があり、そのうち、自分のお金やモノを手放す財施をすることで、モノへの執着がなくなり、その人の人生が執着のない素晴らしい生活になるからです。

お釈迦さまはある二股の道の手前で立ち止まります。片方の道はとても裕福な人ばかりが住んでいる町に続く道で、もう片方の道は貧乏人ばかりが住んでいる町に続く道です。その二股に分かれる手前で立ち止まり、お釈迦さまが弟子に問います。「私はどっちに行くと思う？」。

すると弟子はこのように答えます。「裕福な町につながる道ですよね。あちらに行けば、色々なものを恵んでくれるので」と。するとお釈迦さまは答えます。

「いや、私は貧乏の町につながる道を進みます」というのです。「なぜですか？」と聞くと、「彼らは人に対して何かをあげるという経験をしていないからです。それを経験させてあげなければいけない」と言って、その道を進み出しました。

最初に価値を提供し、お返しの機会も提供する

誰かに何かをあげなければ、絶対に豊かにはなれません。だから、最初に価値を提供しなければ、豊かになれないのです。ビジネスもそうです。最初に何かをあげなければ、相手が何かを与えてくれることはあり得ません。最初に価値を提供し、貢献しなければ何も起こらないのです。

もしかしたら、あなたは価値をたくさんあげているのに、その人たちに価値を返す機会を与えて

いないかもしれません。これは人間社会が豊かに発展していく上でとても大切なことです。多くの人は、何かいいことをされたら、その人にいいことをしてあげたいと思います。これを返報性の法則と呼ばれたりしますが、人間は何かいいことをされたら、お返しをしたいというのが根本にあります。しかし、その機会が一生訪れなかったら、嫌な思いをする人もいます。

親不孝を生み出す親の行動

親不孝という言葉について考えてみたいのですが、お世話になった親にどこかで何かを返してあげようと思ったら、お返しをする前に親が亡くなることだといわれています。「親孝行、したいときに親はなし」という言葉があるくらいです。もう一生涯、恩を返せないのです。

しかし、遺された子どもは心のどこかでは返したいと思い続けて生きていきます。この親不孝の問題は、実は子供にはないケースもあります。中には、それを受け取る機会を与えていない親もいます。子どもが親にプレゼントを渡そうとすると、「そういうことはしなくていいから、自分たちのためにお金を使いなさい」といって、子どもからの恩を受け取らない人もいます。

与える機会を奪われるのを嫌う世界的な富豪

あるセミナーで聞いた話ですが、世界ナンバーワンのコーチといわれる、アンソニー・ロビンズがある富豪と食事に行ったときのことです。

アンソニーが「今日はありがとうございました」と言ってお会計伝票を取ろうとしたとき、その富豪からものすごい勢いで手をはたかれたのです。

「いって〜。何するんですか?」とアンソニーが言うと、富豪がこのように言ったのです。

「私があなたに与える機会を奪うんじゃない」

このようなマインドを持った人が成功するのです。誰かにあげる機会を奪ってはいけないし、誰かにあげる機会をあげてください。まだ価値を提供していないなら、価値を提供してください。そして返してもらって、また価値を提供してと、価値の循環を行ってください。

Facebookの投稿からも貢献活動はできますので、投稿に加速エンジンを効かせることで、一気にオファーやフロント、ミドル、バックまで見込み客さんを流すことができます。

まずは普段の投稿から貢献活動を行い、あなたへの信頼残高を増やすように努めてください。

3 流行りの手法により陥る罠—流行りの手法は蜜の味?

流行りの手法VS伝統的な手法

「ブログ集客が流行っているからブログをやります!」「業者さんにホームページをつくるようにすすめられているからつくろうと思います!」「Facebookは最低限やらないとダメですよね!」

多くの方がこのように言って、今流行りの手法に飛びつこうとしますが、ちょっと待ってください。あなたのビジネスにその手法は必要でしょうか。

もっと言うと、業界では使われている手法でも、あなた個人にとっては必要でしょうか。

以前このような飲食店経営者（郊外で経営）がいました。「業者さんからホームページをつくるようにすすめられているのでつくろうと思っています」。その費用は数十万円。しかし、私はそれをストップしてもらいました。

なぜでしょうか。それは、その店にやって来るお客さまが近所のどちらかというと高齢者層であり、その他のお客さまは近所の会社で働いている人などがメインだったからです。

つまり、その店のお客さま像は、わざわざインターネットでホームページを見てくるような人ではなかったのです。それにもかかからず、「多くの飲食店ではホームページで集客していますよ」という業者の口車に乗って、数十万円というお金を無駄にするところでした。

飲食店の倒産理由の最も大きな要因は「忘れられる」ことです。同じ数十万円というお金をかけるなら、チラシをつくって、近所にポスティングをしたほうが、よほど効果があるのです。

その最新手法は必須ではない

同じように、多くの人がブログを書いているから、自分も書くというのは危険です。そもそも、文章を書くこと自体が苦痛で、毎日ブログを書き続けることが本業に悪影響を与えているのなら論外ですが、仮にあなたが文章を書き続けることが得意であっても、あなたの見込み客さんがそのブログを見にくる層であることが、とても重要になります。

「後期高齢者が年金生活の中で豊かに暮らすための裏技」というブログを書いたとしても、その後期高齢者がブログを見にくる習慣がないと、全く読まれませんし、当然集客にもつながりません。

最近は手法を教えるコンサルタントが続出しています。「ブログ集客を教えます」「Facebook 集客を教えます」「LINE @集客を教えます」などなど。

しかし、これらはすべて、枝葉の手法であり、あなた自身が成功と直結しているかというと、そうとは限りません。流行りの手法に飛びついて、そして結果が出ず、また別の流行りの手法に飛びついて結果が出ず、今度は自分の販売方法が悪いのではないかと思ってセールスやコピーライティングを学びにいって、やはり成果が出ない。そうこうしている間に、お金が尽きて、サラリーマンやアルバイト生活に逆戻りします。

最新の手法はマッチする人には強力ですが、マッチしない人には全く意味がありません。しかし、周りがその手法で稼いでいると、「自分も！」と思って飛びつくのですが、実際にはそんな万人が上手くいく手法なんてありません。

最新手法の前に必要なこと

大切なポイントは「手法の下に原理原則がある」こと。私自身はクライアントさんとマンツーマンの支援をする際には、ビジネスやマーケティングの原理原則を根底に置き、その上で、時にはその方にあった手法を織り交ぜながら面談などを行っています。流行りの手法に飛びついて結果が出ない人は、この原理原則を完全に無視してしまっているケースが大半です。

ペルソナと称して、ただ闇雲に人物像を設定するのではなく、既存客さんの中からペルソナを設定することもその1つです。特にSNSで集客を考える際には、そこに見込み客さんがいるか常に把握する必要があります。見込み客さん不在だと、いくら頑張っても何も起こりません。

4　無料媒体の役目は集客のきっかけづくりと勝ちパターンの確認

無料媒体を使って勝ちパターンを見つけるきっかけにする

SNSの活用方法で最も多いパターンが最初のきっかけづくり、または交流会などリアルで出会った人との今後のつながりの場です。つまりセールスファネルの最初に位置するところです。そこで出会った人たちにどんどんメッセージを発信して、自分はどのようなメッセージが見込み客さんに響くのだろうと勝ちパターンを探す場でもあります。

決して、いつまでも無料媒体に頼り続けるのは得策ではありません。無料媒体はいつか廃れてしまいます。そのときに、あなたのビジネスを助けてくれるのは、あなたの勝ちパターンです。

あなた自身の、勝ちパターンさえ見つけてしまえば、あとはそれを繰り返し、オファー、フロント、ミドル、バックと流していけばいいだけです。

セールスファネルの罠

「セールスファネルを意識して見込み客をたくさん獲得したのに全く利益につながらないのです」

このようなことはよく起こりがちです。特に個人でビジネスをされている方には非常に陥りやすい現象です。これは、ある大切な要素が見落とされたままビジネスを構築してしまうと起こる重要なポイントです。いくらビジネスを構築したところでこの大切な要素を無視してしまうと、ビジネスは全く成長できなくなります。

本書では第1章から、セールスファネルの話をしています。オファーからバックエンドまでの流れを構築して、オファーから入ったお客さまがバックエンドまで、まるで滑り台のように自動で流れていく導線を構築するのですが、ここで上手くいかない人は、次のような状態に陥っています。

「オファー ≠ フロントエンド商品」
「フロントエンド商品 ≠ ミドルエンド商品」
「ミドルエンド商品 ≠ バックエンド商品」

どういうことかというと、まるで滑り台の途中が途切れていて、滑り降りてきた人が、次のステージに進む前に途中でそこから落ちてしまう構造になっているのです。

「志高くビジネスをきちんと行っているのに、そんなことあり得るの？」と思うかもしれません。以前、このような人がいました。

若者向けにオーダーメイドの洋服を提供するというサービスをミドルエンド商品に置いていた人でした。そして、その手前のフロントエンドには簡易なオーダーメイド商品を、お試しで自分でつくることができるという体験を置いていました。つまり、まずは体験してもらい、その結果興味を持ってもらえれば、本格的にその人ならではの商品をつくってあげるという流れです。

しかし、ミドルエンド商品であるオーダーメイドのサービスが売れないというのが悩みでした。そこで、その人のお話を聞くと、なんと体験会には、本来お客さまとして来てほしい若者ではなく、中高年以上の人が来ていたのです。その結果、売りたい若者向けのオーダーメイドは売れずに、来た人全員が体験会で去ってしまっていたのです。

圧倒的な権威を獲得しながら集客につながらないケース

また、他にはこのような人もいました。

その人は以前、ある出版社から本を出したこともあり、その業界では書籍ランキングで1位を獲得したほどの人でした。その方には、本来売りたい本命商品というものがあり、書籍ランキングで1位を取るほどなので、その本命商品もたくさん売れているのだろうと思い伺ってみると、全く売れていないというのです。

せっかく書籍ランキングで1位を獲得したにもかかわらず、その後の本来売りたい商品にお客さまが流れていないのです。本を読んでくれた人なら、興味を持ってくれて、その後ろの本命商品にお客さまが来てくれると思っていたのに、１人も流れてきません。

セールスファネルが完全に途切れた原因

そこで、その方からいろいろとお話を伺いました。すると、次のようなことがわかりました。当時その人が本来売りたい本命商品は、その業界のことを知らない初心者やせいぜい中級者までが対象です。自分より技術が低い人に技術を教えてあげるという商品です（つまり、普通の教室ビジネスと同じです）。

そして、その初心者を呼び込もうと書いた本の内容が、なんと上級レベルの人でも読み込むことが大変な、超ハイクラスな人向けの本だったのです。その本の出来栄えを、本人も誇らしげに話していました。「この本はプロレベルのスゴイ本なんですよ」と。

もう、ここまで読まれたあなたなら、何が問題かわかるかと思います。

つまり、フロントエンド商品である本の読者層と、実際に売りたいミドルエンド商品の対象者が全くイコールになっていないのです。そして、その人はなんと、同じ出版社から次の本を出そうとしていて、まもなく話が固まる段階でした。そこで、今回の内容の読者レベルを伺ったところ、やはり超ハイクラスな人向けの内容だったのです。

全くの初心者がその本をもし手に取ったとしても、たぶん読み始めて数ページもいかないところで読むのを止めて、本棚に置かれるか、中古本の買取ショップの棚へ並ぶ結果になります。

また、偶然手に取った、超ハイクラスの人には響くかもしれませんが、その後ろにある、本来売りたい初心者向けの商品に流れるはずもありません。

本というフロントエンド商品と、本来売りたいミドルエンド商品が完全にズレていたため、本を通して入ってきてくれた人が、本来売りたい商品に流れずに、途中の穴から出ていってしまっていたのです。

初版の失敗、今回出そうとしていた本のミス、これらは決して出版社が悪いわけではありません。もちろん、著者の本人が悪いわけでもありません。すべて自分1人で判断してしまった結果、大きなボトルネックに気が付けなかっただけなのです。

集客できないのは手法ではなく、あなたの中にあるかもしれない

誰もが、自分がやっていることは正しいと思うバイアスがかかります。しかし、この大前提を覆さない限り、どれだけ周到なセールスファネルを構築して、オファーから見込み客を集めたとしても、全く利益につながらず、いつまでも苦しい生活をせざるを得なくなってしまいます。

そして、これを1人で判断することは、なかなか難しいのが現実です。オーダーメイド商品を売りたい方の例も、本を書いて書籍ランキング1位を取られた方の例もそうですが、自分のやっていたことが、ズレていたことに私から指摘されて初めて気がつきました。

自分が売りたい商品にお客さまが集まってこないということは、どこかにボトルネックがあり、

そこを解消しないと、いつまで経ってもお客さまが流れてこなく、また別の手法に飛びついたり、セールスを学びにいったりしてしまうのです。お金は有限です。あなたは、そんな新しい手法を学びに行く前に、もっと今のビジネスがきちんと流れているか確認してみてください。

ポイントは、

「オファー＝フロントエンド商品」
「フロントエンド商品＝ミドルエンド商品」
「ミドルエンド商品＝バックエンド商品」

となっているかです。本当の問題はあなた自身の中に隠れているかもしれません。

5 Facebook活用法と注意点

では、これから実際にどうやったら、ＳＮＳを使って見込み客さんを集めるのか、お話していきます。ここでは、テクニック的なお話になるので、ぜひ実際にご自身で試しながら、読み進めていただければと思います。なお、ＳＮＳはFacebookを活用します。

Facebookの本来の目的

Facebookの目的は、他人とのプライベートなコミュニケーションの場です。

あくまでビジネス利用は、特設のFacebookページで行うこととされています。しかし、個人事業主やフリーランスが増えてきている近年では、個人のプライベートな活動＝ビジネス活動というケースが多くなり、Facebook側も黙認している状態が続いています（執筆時現在、プライベートページでのビジネス利用の規制が強化されようとしています）。

ですので、特に個人や小規模でビジネスをされている方は、まずはあなた自身のお友達に、あなたのビジネスに興味がある見込み客さんをたくさん呼び込みことがポイントです。

見込み客さんの呼び込み方法

では、実際にどのようにして見込み客さんとつながればいいのかお伝えします。いくつか方法はあるのですが、代表的な方法をお伝えします（パソコン利用時の方法をお伝えしますが、スマートフォンでも原則同じです）。

まず、GoogleやYahoo!の検索で「Facebook　イベント検索」と入力して検索します。すると一番上にFacebookイベント検索というページが表示されます。そのページに入ると検索の窓口がありますので、キーワード欄にあなたのビジネスと関係するキーワードを入力して検索します。

その際に、あなたのビジネスが、全国対応可能なビジネスの場合は、場所を「全国」設定で検索し、地域限定の場合は、遠方の人と友達になっても意味がないので、地域を限定します。

【図表5　Facebook　イベント検索画面】

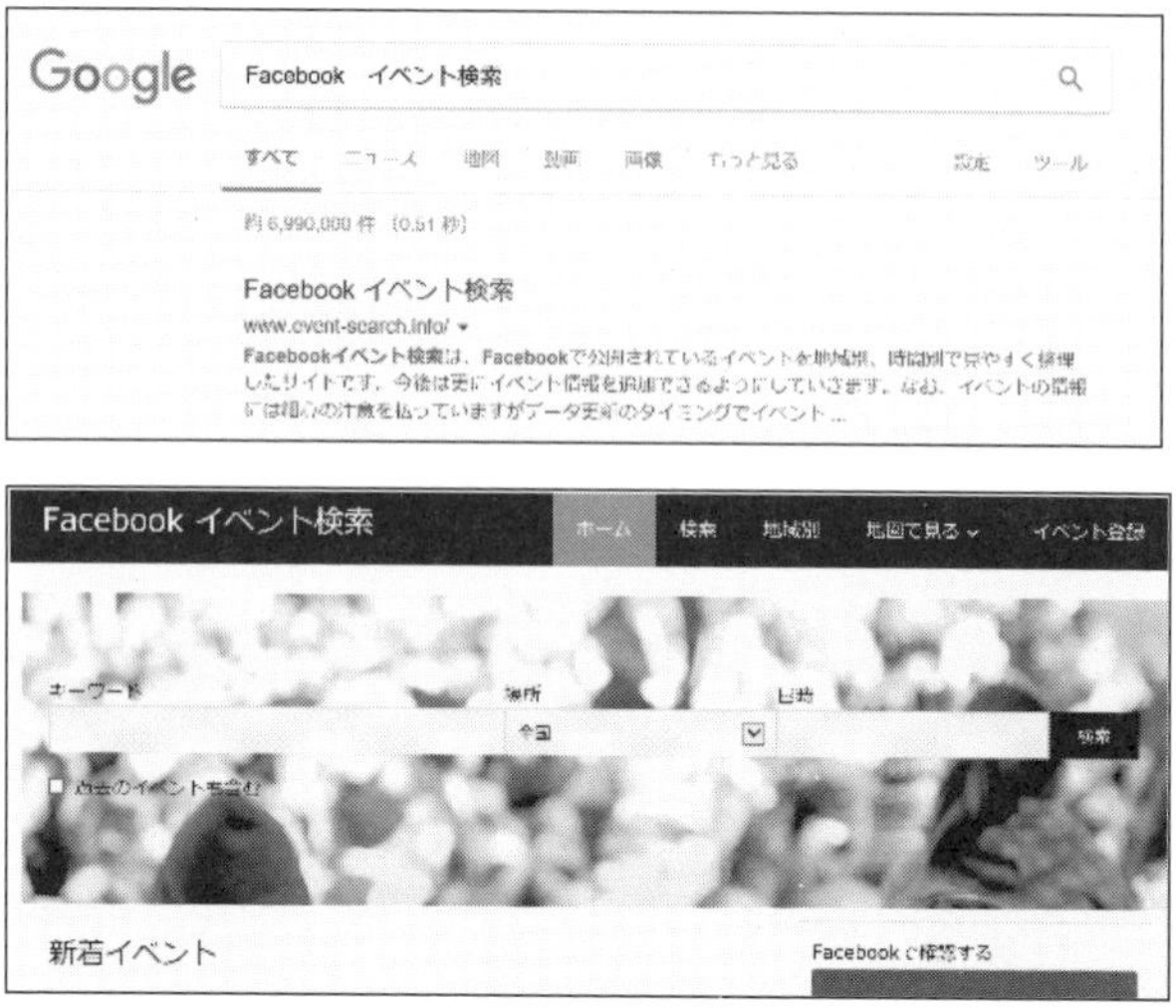

しかし、今の時代はSkypeなどオンライン通話の機能を使うことで、簡単に遠方者とのやり取りができますので、少しでも遠隔地ビジネスが可能でしたら、全国設定で検索をしてみてください。

そして、検索して出てきた結果の中で、あなたのビジネスに関係しそうなイベントを選択します。選択して出てきた画面にて、パソコンでは画面右、スマートフォンでは画面下部に、青字で白く「Facebook」と書かれたボタンがあるので、クリックやタッチをします。

するとFacebookのイベントページに遷移します。遷移先のページで、参加者○人・興味あり○人というところを選択すると、そのイベントの参加者などが見られます。その中で、「参加者」と「興味あり」という人に対して友達申請をします。

競合他社が集めた見込み客さんに無料でアプローチする

この人たちは、他社がイベントを企画して、お金を出してその企画を聞きに行きたいという人であり、具体的な行動を起こしている人という意味で、見込み客さんのフェーズ2、またはフェーズ3の人にあたります。

その人たちと友達になり、その人たちが知りたい情報をFacebookで投稿し続けることで、あなたのへの信頼残高はどんどん増え、あなたはその人たちから専門家・先生としてみられるようになります。その後、その人たちへ次のステップを案内することで、あなたは広告費を一切かけずに、集客ができるようになります。

友達のタイムラインに自分の投稿を出させるために

Facebookでは「エッジランク」と呼ばれる、あなたと友達1人ひとりとの親密度合いが計測されており、あなたとある1人の友達との関係性が高ければ高いほど、その友達のタイムラインにあなたの投稿が出やすくなるというプログラムが組まれています。

せっかくあなたが投稿しても、友達のタイムライン上で出てこない状態を防ぐために、その友達の投稿へ「超いいね」などの特殊いいねをしてあげたり、コメントをしてあげるなど、関係性を深める行動を行うようにしてください。

見込み客集めの注意点

Facebookでは、むやみに友達申請を出すことを規制しています。そのため、イベント検索から友達申請先をみつけて申請を繰り返すと、Facebook側から「本当に友達の場合のみ申請してください」という警告のポップアップが出てきます。

それが出てきた際は3時間程度、申請するのを止めてください。ポップアップが出てからも申請を続けると、アカウントの停止や、削除を受ける可能性があるので注意が必要です（なお、この機能は執筆時点です）。

6　動画を使った情報発信─動画は文字の5000倍の情報量

認知を高める動画の活用

近年は、YouTubeをきっかけに、動画が身近なものになり、さらにFacebookでも通常の動画投稿やFacebookライブなど、映像を活用できる機会が増えています。

あなたは動画を撮影したことがありますか？　そしてその撮った動画をSNSにあげたことはありますか？　動画は文字の5000倍の情報量があります。

例えば、あなたは炙りしめ鯖を食べたいとします。ある店のホームページには「しめ鯖がジューと焼かれる瞬間、とても香ばしい香りがして、食をそそられます」と書かれていたとします。もう片方のお店のホームページに次のような動画が載っていたとします（YouTubeで『伊藤賀一炙りしめ鯖』と検索をしてください)。

さて、動画はしめ鯖が実際に炙られているシーンを撮ったものですが、どちらのほうが臨場感があって、しめ鯖が美味しそうでしょうか。動画で見たほうが美味しさが伝わってきたと思います。

このように、文字で書かれた紹介より、実際に動画でみたほうが圧倒的に相手には伝わります。まさに「百聞は一見に如かず」です。

あなた自身のことを伝えるにも、「私はこういう顔立ちで、髪型は少しカールがかかっており、声は低いというほどではないですが、決して高くはなく、話すスピードは、相手が心地よいと感じるスピードよりわずかに早いです」などと説明されるより、動画で撮って、相手に見てもらったほうが、圧倒的に早いですし、認識のずれも生まれません。

動画を憶する前にやってしまう

あなたは、カメラを向けられると怖くなったり、恥ずかしくなったりしたことがありませんか？これは、多くの人に共通して発生する感情です。

しかし、あなたのやるべきことは、あなたの知識・経験や、あなたの素晴らしい商品を、より多くの人に共有していくことです。そして、共有する上で大切なマインドは、『完璧な動画を求めてはいけない』です。完璧ではなく、相手から「あなたに会ってみたい」「あなたの商品を見てみたい」という反応を目指してください。

もし、あなたが一生懸命、時間と労力をかけて渾身の動画をつくっている最中に、競合他社がもっと簡単に、出来栄えも低い動画をつくって世の中に出してしまったら、あなたは見込み客さんから「あなたはあそこの○○さんと同じようなことをやっているのですね」と言われてしまい、二番煎じにみられるだけです。動画は常に、『一番最初に配信した人が勝ち』ます。時間をかけて完璧を求めるのではなく、競合他社より早く動画をリリースすることを心掛けてください。

動画トレーニング

ここでは、最初の一歩の後押しをします。

まずはあなたのスマートフォンを取り出してください。そして、ビデオモードにして、自撮りモードにしてください。今からビデオを撮っていただきたいと思います。動画を見ている人に対して、あなたの名前と、何をする人か自己紹介をしてください。

ではどうぞ。

最初は違和感があると思いますが、どんな動画のプロも最初は素人です。生まれた瞬間からプロの撮影ができた人など1人もいません。30回くらい動画を撮影すれば、ようやく少しはまともに話せるようになります。ですので、あなたの認知度を飛躍的に高め、「きっかけ・認知」のフェーズで一気に加速エンジンを効かせるためにも必ず試してください。

動画で最も大切なポイント

動画を撮る際にはいくつかのポイントがあります。私の提供している「動画マーケティング集中トレーニング」では、すべてをお伝えしていますが、今回はその中でも、最も大切な1つをお伝えします。

それは、動画は「音」が命ということです。動画なので見栄えが大事と思うかもしれませんが、多少映像が悪くても、音さえ良ければ、視聴者は見てくれます。逆にどんなに見栄えが良くても、無音だったり、ノイズ音だらけの動画は見向きもされなくなります。

音をよくするためには、スマートフォン自体のマイクを使うより、外付けのマイクを使ったほうが、音源（あなたの口）とマイクが近づくので、音は良くなります。また、一度撮ってしまった音は、後で修正が効きづらいので、動画を撮る際には音の環境には特に注意してください。

見られる動画の作成

動画を構成する際に大切な視点として、興味を持つ動画と、共感を持つ動画は相反する存在になります。あなたから商品やサービスを購入してもらうには、見込み客さんに共感してもらう必要があります。しかし、興味を持つ動画は共感がしづらいのです。興味を持ってくれなかったら、そもそも動画を見てくれません。

そこで、その矛盾を解決する方法として必要になるのが、興味を惹きつける動画で見込み客さんを惹きつけ、続きを見始めた人が共感するタイプの動画を構成します。ですので、動画の入り口の段階で見込み客さんが見るものは、興味を惹きつける動画で、あなたが商品やサービスを販売する際に見せる動画は共感を呼ぶものです。

興味をつくってから共感という、この流れで動画をつくるのが、一般的な動画の構成です。

例えば、動画が流れている広告があって、それをクリックしたら、その先に共感するようなメッセージがあって、それで実際にお話したい内容を話していくという流れが基本スタイルです。

Facebook上では興味を引くような広告動画が多く流れており、共感をしてもらう動画は、メッセージのやり取りの中で送るのが基本的な流れです。

今私はここで「基本的」とお話したのは、もし興味と共感の両方をやってくれる動画があるとしたら、いいと思いませんか？ つまり、お客さまが興味を持ってくれた上で、販売できる動画です。

あなたのことを認知して信頼にまで辿り着き、購入するという流れの中で、興味というのは、知ろうかなという努力を始めてくれている状態です。

興味から一気に信頼まで持っていくことができれば、あとは目の前に来た見込み客さんに対して、あなた自身の商品やサービスを提供できれば、この動画は意味があるということになります。


興味を惹きつける動画と、共感を生む動画の違い―秒数

では、興味を惹きつける動画で、かつ共感を生む動画のつくり方をお話しします。

まず1つ目は「秒数」です。そのシーンが流れている秒数によって、人間は、興味を持つか共感するか決まります。興味を持つものは2秒以下です。2秒以下の映像は、人間は興味を示します。

興味を示すものは、パッと出て、パッと消えるものです。「あれ、何だったの？」と思うから興味を示すのです。

この2秒シーンは動画の最初で使います。最初で、パッと変わるシーンを挿入しなければいけないのです。よくよくテレビCMを見ていると、特に出だしは、画面がどんどん移り変わっていくシーンが多用されています。このような目まぐるしく映像が移り変わる演出によって、CMを見ている視聴者に興味を抱かせる効果を生んでいます。

では、共感する動画の秒数は、1つのシーンでどれくらい必要でしょうか？　答えは5秒以上です。人間は共感するのに、シーンがある程度長くなければいけません。

例えば、画面の中にいる少女が瞳から涙を流して、郷愁に浸っているスローなシーンがあるとします。これを、涙を流す前にシーンが変わってしまったら、共感しようがありません。視聴者は何が起きているのかわからず、「今何だったの？　何が起こったの？」という気持ちになります。画面が固定され、ある程度シーンが長くないと共感が持てないのです。共感させたいなら5秒以上です。

そして、その5秒以上のシーンを動画のどのあたりで使えばいいかというと、導入部の動画を過ぎた、だいたい中間部あたりから挿入し始めます。

興味を惹きつける動画と、共感を生む動画の違い―明るさ

2つ目は「明るさ」です。動画全体ではできれば明るいほうがよいのですが、興味と共感という

点からみると、画面全体が明るければ明るいほど人間は共感を生み出します。

一方で、画面全体が暗ければ暗いほど興味がわきます。なぜなら、私たちが原始人だった頃、人間が恐れたものは「暗闇」「夜」です。当然、電灯などはなく、月明かりと星明りしか頼るものはなく、何かが起こるのではないかという恐れがあったのです。暗いという状況に対して、注意をするという脳ができており、暗くすると興味を惹きつけます。

明るいと、安心・安全だから共感してもいいかと自分の心に余裕が出てきます。ちょっとこの人と話してみようかなとなるわけです。一方、暗いと身構え、心に余裕は生まれません。ですので、共感を生むためには明るくしてください。

興味を惹きつける動画と、共感を生む動画の違い―顔

3つ目が「人の顔」です。人間は顔が映っている動画のほうが共感します。

つまり、顔が映っていないと興味を持つわけです。ですので、例えば手の映像などからスタートすると興味を持つ動画がつくれます。

興味を惹きつける動画をつくる

この3つの項目をすべて合わせることによって、とても興味を惹く動画をつくれるようになります。この3つを組み合わせた動画の簡単なつくり方についてお話します。

まずはあなたのスマートフォンを動画モードにし、自撮りモードにしてください。そして、多くの動画の出だしは、自分の顔が映り「こんにちは！」という始まり方をします。しかし、これではダメです。そこで、まず、スマートフォンのカメラがあると思います。そのカメラを指で隠してください。カメラを隠してから、動画をオンにして、２秒経過したら、指を外して、「こんにちは！」とやるのです。たったそれだけです。動画をオンにすると、スクリーンには、何秒かというのが見えるはずです。そこで2秒経ったら、指を外してください。次に画面に出てくるのが、あなたの顔です。

ただし、毎回この技法を採用してしまうと、見ているほうもさすがに飽きます。いざというときの勝負画像でこの技法をぜひ使ってみてください。

7　ジョイントベンチャー戦略の真髄

リアル戦略にレバレッジをかける

前項ではFacebook戦略についてお話をしましたが、「そうはいってても私はどうしてもFacebookは使いたくない」「私の見込み客さんはFacebook上には絶対にいない」という人向けに、もう１つ強力なマーケティング手法をお伝えします。それはジョイントベンチャー（ＪＶ）です。勉強熱心なあなたでしたら聞いたことがあるかもしれませんが、競合他社などと協力して、あなた１人ではできない大きなビジネスを展開する手法です。しかし、実は単に協力をあおぐだけではなく、よりあなたの既存リソースを生かすことで、さらにその幅を広げることができるので、ここでご紹介します。

ジョイントベンチャーをする上での前段階

ＪＶをしていく上で、どこが提携先か、あなたと一緒に組んでビジネスを展開することができる先か考える必要があります。そのための大前提として、あなたが関わりたいお客さま像を明確にしておく必要があります。これが「20代から60代までの男女誰でも大丈夫」と設定すると、実はこのＪＶはなかなか上手くいきません。

仮に「20代から60代までの男女誰でも大丈夫」というのが真実だったとしても、属性を1つずつカテゴリー分けする必要があります。そして、その1つひとつに対して、これからお話する内容を当て込めていきます。

ジョイントベンチャーを進める上でのマインド

ＪＶを進める上で大切なマインドとして、「相手は自分を稼がそうなんて微塵も考えていない」ということを心に留めてください。

つまり、ＪＶ先は、自社が儲かっても、あなたに儲からせてあげようなんて全く考えていません。

それと同時に、あなた自身は「まず相手から稼がせてあげる」というマインドも大切です。つまり、ＪＶは「自分さえよければいい」というマインドでは絶対に上手くいきません。相手あっての戦略なので、まずは相手の儲けありきで進めていくことが大切になります。

また、ＪＶの二者間の関係図は、集客力・販売力のあるホストと、商品力・ブランド力のある受益者という立ち位置になります。ＪＶを仕掛けようとする人の多くが、自分にはいい商品があるが販売先がないという人が多くいます。

【図表６　ジョイントベンジャーの対象】

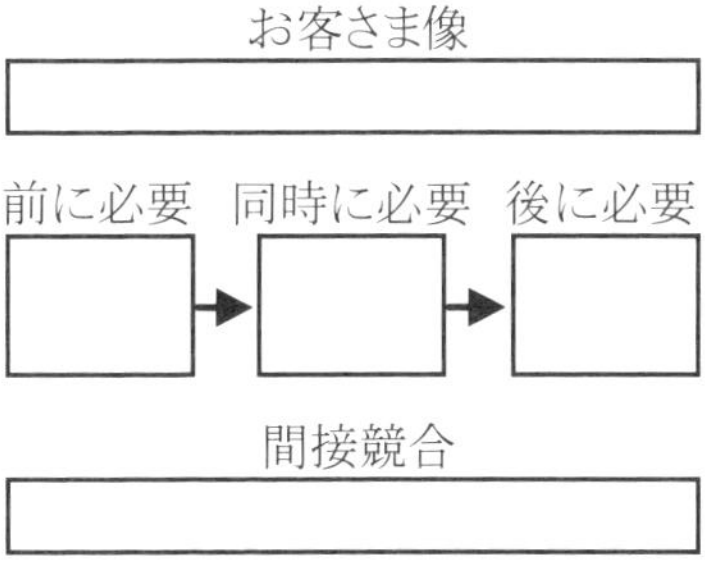

そのような人が、同じく商品力があるが販売力がないという人と組むと残念ながら、何も起きません。両者がいい商品を持ち寄って、この二重のいい商品が目の前に積み上がるだけです。

あくまでＪＶは販売力のある人と商品力のある人が組むから成功するということを大前提に進める必要があります。

同時に必要、前に必要、後に必要を考える

あなたの商品やサービスには、見込み客さん像から描き出された人物像があると思います。そのあなたの商品やサービスを使う人が、「同時に必要になるものは何かな?」ということを最初に考えます。あなたの商品やサービスを使う際には必ずこれも一緒に

使う必要があるというものを見つけていきます。例えば、シャープペンの本体とその芯の関係などです。

そして、その同時に提供する必要がある商品やサービスを扱う会社に対して業務提携を申し出ます。その際には、必ずあなたにとって足りていない方（商品力または販売力）を補える相手と組むようにします。

次に、あなたの商品を使う際に、事前に必要なものや、「あるもの」を通過しないと使えないものがないか検討します。例えば、リンスやコンディショナーを使う前には、必ずシャンプーを使うなどです。そして、その必要なものが見つかれば、それを提供してくれる会社に対して、提携を申し出ます。逆に、あなたの商品を使った後に、使用者は次どこに行くのか見出し、それを提供してくれる会社に対して提携を申し出ることもできます。

本業の前後を囲い込み、ＬＴＶを上げる

今あなたにはお客さまが既にいて、その人に対して商品を提供するとします。そして、そのお客さまはあなたの商品を購入後、次に必ずここに行くというところがあれば、そこのサービスもあなた自身が提供できるようになってしまえば、お客さまからいただくことができるお金の量は増えます。現在既に提供されている商品でお金をいただき、その後の商品もあなた自身が提供できるようになれば、それはお客さまのライフタイムバリュー（ＬＴＶ＝生涯顧客価値）も増えていきます。

しかし、初めから「前に必要」や「同時に必要」「後に必要」というところもすべてあなた自身のビジネスに入れ込んでしまい、その提供会社を敵対視してしまい、そこにはお客さまを流さないということを考えてしまうと、すべての過程をあなた自身で集客しなければいけなくなります。ジョイントベンチャーができなくなるのです。「前に必要」というところをすべて自分で行ってしまうと、そもそもそこにお客さまを呼び込むのをどうするのかという問題にあたります。

お客さまを呼び込むところを、提携会社の商品やサービスを使って集客し、その人たちがあなたのところに来てもらうというのが、特にスタートアップ期の「商品はあるけど集客力がない」時期の、ＪＶの大きな意義なのですが、すべてを取り込んでしまうと結局ビジネスが立ち上がらなくなってしまいます。

【図表７　ジョイントベンチャーを生み出す】

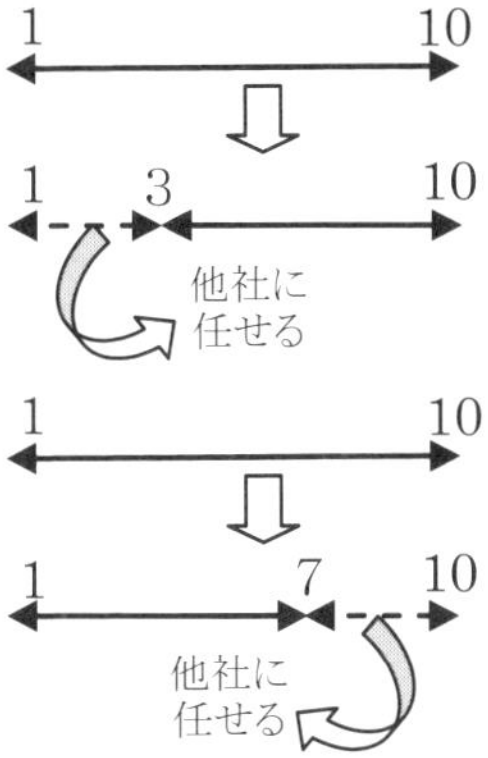

自分の商品を切り離して、意図的にジョイントベンチャーをつくり出す

お客さまの購買行動すべてをあなたが行うと集客に困ることになるのですが、今あなたの商品は見込み客さんに1から10まで提供することで完結するとします。

そして、この1から10のうち、例えば1から3を切り離せないかということを考えることもできます。

この1から3を切り離してあげることで、この部分をやっている会社に対して、「私は3から10の商品やサービスを提供しています。御社は1から3ですよね。けどお客さまは3から10も欲しがるんですよね。だから私と提携して、お客さまの満足度をさらに高めたサービスをしませんか?」と言うことで、業務提携を意図的につくり出すことができます。

あるいは、1から10のうち、1から7まではあなた自身が提供するが、7より先を提供している会社に対して、7以降の商品やサービスを委ねてしまいます。

しかし、その手前にあなたがいるので、その会社に対して「貴社に来るお客さまは、実はこの1から7を提案してあげることで、お客さまの満足度はさらに上がりますよ」ということを提案することで、1から7をあなたが提供するということができるようになります。

切り離した後に、お客さまを囲い込む

1から10というフルパッケージで考えている構成を、一部切り離してみるということをすると、実はJVというのは無限につくり出すことができるようになります。当然、フルパッケージではなく、一部を提供することになるので単価は下がりますが、スタートアップの集客に困る時期には、最初のきっかけづくりなので試していただきたいと思います。

そして、あなたの提供する商品やサービスに信頼が生まれれば、残りの切り離した部分も提供し、結果的にお客さまをすべての過程で囲い込むことができるようになります。

これをセールスファネルで表現すると図表8のようになります。

集客は提携会社が行い、そのうちの一部の人にあなたの商品を使用してもらいます。

そして、使用してもらったお客さまに信頼を蓄積し、「私も切り離した部分を提供し始めました」とお伝えして、最終的にあなたの商品やサービス全体を買ってもらう流れになります。もちろん、JVの原則は相手に稼がせることなので、信頼構築商品の段階では、提携会社に手数料を支払うことも必要です。

【図表8　ジョイントベンチャーをセールスファネルで表現】

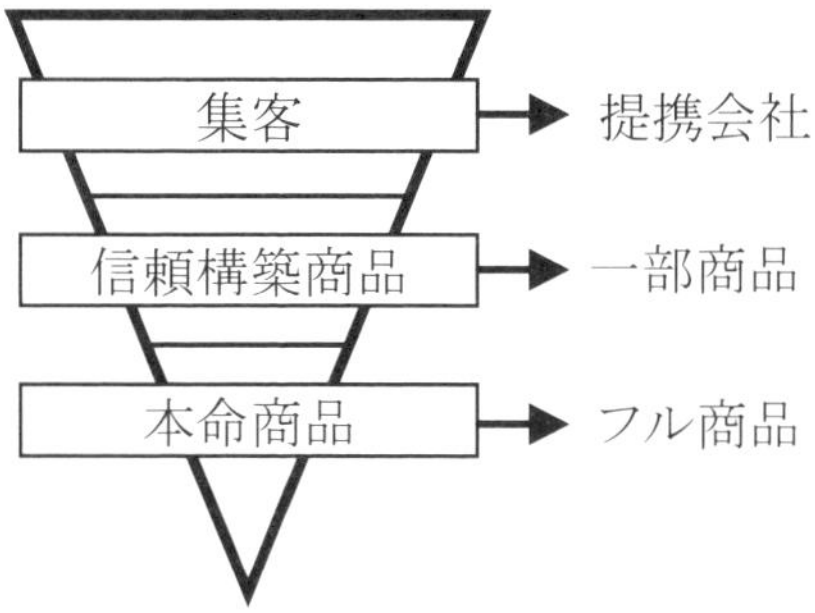

決して、1から10のその手前やその先ということを考える必要はなく、この一部を切り離すことでJVをつくり出すこともできるので、ぜひチャレンジしてみてください。

間接競合に提案する

間接競合にJVを提案することも考えられます。

例えば、間接競合はダイエットサプリを提供していて、あなたはダイエットマッサージを提供していれば、「サプリに組み合わせることでダイエット効果は高まり、満足度も高まりますので、一緒にやりませんか?」と提案します。

あなたが潜在意識に根づいたブレーキを外すコーチングを

していたとしたら、より良い未来を手に入れるアクセルを踏ませるコンサルタントと一緒に組むことで、お客さまの成果はさらに高まることを提案することもできます。

このＪＶはリアル戦略の中でとても強力な戦略なので、ぜひこれからゼロイチを達成していこうとする人はもちろん、既にビジネスを持たれていて、さらに大きく飛躍させていこうとする人も、ぜひ積極的に活用してもらいたいと思います。

8　発するメッセージでお客さまを選別する

たった４文字でも見込み客さんの属性は全く変わる

本章最後にお話するのは、メッセージメイキングについてです。様々な手法を生かしてマーケティング活動をしても、このメッセージを間違えてしまうと、全く人が集まらなかったり、あるいは、あなたにとって来てほしくない人が来たりするので、とても大切な内容です。

例えば、あなたがコーチングの仕事をしていたとします。コーチングのサービスを受けられる人には様々な人がいます。個人で受けられる人もいれば、経営者として受けられる人もいます。引きこもりの自分を変えたかったり、売上をさらに上げていきたいと思って受ける人もいます。

もしあなたが、既に結果は出ているが、さらにその結果を伸ばしていきたいという人を対象にコーチングを行いたいとした場合、次のどちらのメッセージが適していると思いますか？

① 今度こそ成功したい人向けのコーチング
② ますます成功したい人向けのコーチング

ここでの違いは最初の４文字だけです。それ以外は全く同じなのに、この４文字が違うだけで、あなたの前にやって来る人の属性は全く異なります。①の人は、今まで何をやっても上手くいかず、あなたのコーチングを知り、今度こそ上手くいきたいという、「まだ成功していない人」がやってきます。一方で②の人は、既に成功しており、その成功の上昇カーブをもっともっと上げていきたいという人がやってきます。

既に結果は出ているが、さらにその結果を伸ばしていきたいという人を対象にコーチングを行いたいあなたにとっては、②のメッセージを発しないと、予期せぬ人があなたの目の前にやってきてしまいます。

ＳＮＳ投稿でも発するメッセージに気をつける

ＳＮＳを使って投稿する際にも、いつも売り込みばかりの投稿をしている人は、見込み客さんから嫌われてしまいます。一方で、いざというときによく考えもしないでメッセージをつくってしまっても、何も結果は生まれません。

特に新規客を獲得する際の発するメッセージで、必ず汲み入れなければいけないことは、見込み客さんの短期的な欲求を突くということです。

人間の脳の中には三種類の脳が存在しているといわれています。
1つ目は「爬虫類脳」。
2つ目は「哺乳類脳」
3つ目は「人間脳」です。
そして、短期的な欲求というのは、「爬虫類脳」に位置しています。

爬虫類脳

例えば、トカゲは、目の前をハエが飛んでいると、何も考えずにハエを捕まえて食べます。決して、「あのハエおいしそうだな」「食べたらどんな味がするかな」などと考えて食べたりはしません。瞬間的に捕獲しにいきます。このような、思わず突発的に捕獲しにいく脳が人間にもあり、目の前に商品を出されただけで、とっさに買いたくなってしまうスイッチが人間にもあるのです。

例えば、「3クリックしただけで毎月必ず50万円が手に入ります」というものは、今お金がなくて困っている人の「素早くお金を稼ぎたい」という短期的欲求を突いたメッセージになっています。

これが「爬虫類脳」という部分です。

哺乳類脳と人間脳

次に「哺乳類脳」と「人間脳」です。哺乳類脳は人間の感情をつかさどる部分に該当します。「この洋服を着たらキレイにみられるかも」「このお菓子おいしそうだな」など、この商品を買うことで、得られる結果を考える機能です。

そして３つ目の人間脳が理性や理屈をつかさどります。よく、「人間は感情でモノを買い、理性で正当化する」といわれますが、目の前の商品を買おうとした際に、まず哺乳類脳の部分で「この商品かっこいい」という感情が働くことで商品を買い、後から「この商品高いけど、10年くらい使えば、結果として安くなるし」といって商品を買った帰り道に、理性で正当化するのです。

そして、商品販売のときに、相手の人間脳にあたる理性を先に刺激してしまうと、「今は買わずに、後で考えようかな」となってしまいます。

例えば、保険の加入を考えて販売窓口に行ったとしても、当初は保険に今すぐ入りたい爬虫類脳だった人も、徐々に感情的な哺乳類脳に変化し、規程を細かく説明されることで、最終的には理屈で考える人間脳に変わってしまうので、保険はその場ですぐに契約とはなかなかならないです。

長期ではなく常に短期を意識する

あなたが今後見込み客さんを目の前に連れてくるためには、理屈的に商品情報などを伝えるのではなく、チラシやホームページ、あるいは対面にしても、短期的に心を揺さぶられる入り口をつくってあげて、お客さまの爬虫類脳を刺激してあげることがポイントになります。

決して、「1年間、毎日コツコツ勉強すれば英会話は身につきますよ」「３か月間毎週来てもらえれば肩の凝りがとれますよ」という長期的なメッセージを発するのではなく、「1回だけ受けてもらえれば、最低限必要な日常会話は話せるようになりますよ」「たった1回の施術で、肩が軽くなりますよ」というように、見込み客さんが簡単に悩みを解決できるということをメッセージとして発していくということが大切です。

当然、解決できないのにできるというのは詐欺商品になってしまうので実際にできることが前提となりますが、短期的な欲求を意識して商品を構成してみてください。

なぜ短期的要求が必要なのか

見込み客さんは、あなたが目の前に来て商品を提案されても、基本的に心の扉は閉ざされています。人間誰しも、売り込まれたくないのです。それはあなた自身も同じだと思います。

それにもかかわらず、いざあなたが販売者側に立つと、「自分の商品最高」「こんなすごい機能があって」と商品自慢や機能自慢を始めてしまいます。それでは見込み客さんの心の扉は閉まったままになってしまいます。

ポイントは、短期的な欲求をつくることで、まずは心の扉を開けさせるのです。見込み客さんが「ちょっとそれ気になるかも」と思わせればいいだけです。多くの人がこの作業をしないで、いきなり売り込もうとするから、お客さまは聴く耳を持たずに、目の前からいなくなってしまうのです。

短期的欲求はあなたに振り向いてもらうための呼び水として必要なのです。

第5章　3rdステップ〝うる〟販売・フォロー

1　感覚セールスから科学セールスにするには反応率を意識する

セールスファネルの各階層で数値をとる

マーケティングは見込み客さんをあなたの目の前に連れてくる行為であり、目の前の人が、実際にあなたの商品やサービスを購入するように誘導するのがセールスです。見込み客さんがあなたの目の前に来た際に、既に購入意欲に満たされていたら、買ってもらうことは簡単です。そのために、セールスファネルのより上位で加速エンジンを効かせることをお伝えしてきました。

そして、最後に本来あなたが最も相手の問題解決に貢献できる本命商品にあたるバックエンド商品を買ってもらうことが必要ですが、最初のきっかけから最後のバックエンド商品まで何人が辿り着くのか計測すると、ビジネスをさらに戦略的に組み立てることができるようになります。

例えば、最初に100人ときっかけを持って、その100人のうち60人がお試し商品を買ってくれて、さらにその内30人が本命の商品を買ってくれれば、それぞれ、60%、50%となります。

この反応率がコンスタントに出続ける数値だとすると、あとは100人を200人にすることができれば、本命商品の購入者が60人になるということがわかります。何か別の施策をして、きっかけからお試しに流れる人の割合が30%に減ってしまったとしたら、その施策は上手くいかなかった施策として中止し、元の施策へ戻すことで、また60%を確保できるようになります。

飽きてもやり続けろ！

このときの大切なマインドは、「上手くいかなくなるまでやり続ける」ことです。人間は長いこと同じことを繰り返していると飽きてしまい、やり方を変えてしまうことがよくあります。しかも、まだ高い反応率が出ている段階で変えてしまい、新たな施策をやって反応率が下がり、売上が落ちるということがあります。

多くの方と面談をしている中でも、「最近売上が落ちてきて、以前のような活況にはならないんです」という人がいます。その方の最近の動きを聞いていると、以前の良かったときに行っていた施策を変えて、新たな施策を試し、それから売上が落ち始めていたのです。施策を変えた理由を聞くと、「もうこの方法はお客さまも飽きてしまっていると思いまして変えたんです」というのです。

しかし、実際にお客さまから飽きたというお話を聞いていたわけでもなく、実際にその反応率が下がっていたわけでもなかったにもかかわらず、その人の自己判断で「この施策はもう飽きられてしまう」と見切り、別の施策に移った結果、売上が落ちたのです。

今のあなたがやっている施策、あるいはこれからやろうとする施策で、上手くいくものは反応率が下がるまでやり続けるということを強く意識して心に留めてください。

反応率の計測を実務に落とし込む

そして、この反応率は販売のフェーズでも同じことです。あなたの目の前に来た人が、どれくらいの割合であなたの商品を買っているかを計測するのです。店舗に物品を納入し、そこで販売してもらうようなケース（雑貨屋に自分のオリジナル商品を置いてもらって、来店者に購入してもらうなど）でも、来店者が自分の商品の目の前に立ち止まり、手に取って、実際にレジでお会計を済ませるまで、どれくらいの人数いるのかというのを、計測可能ならしてみてください。

商品の目の前に立ち止まったにもかかわらず、買わずにその場を立ち去ったり、隣の商品を買っていくとしたら、あなたの商品の提案力が足りていないのかもしれません。ホームページからの販売でも、離脱率をみることで、提案力の強さを計ることができます。

もちろん、コーチ・コンサルなどの先生業をされていたり、これからされようとしている方も、対面セッションで販売する際には、その時の成約率が大切になります。一般に対面セールスの成約率は50％といわれていますが、慣れるまではもっと低くても問題ありません。慣れてきたら50％に納まるようにしてみてください。

2　トレンド販売の逆を狙ってお客さまを惹きつける

セールスにもあるトレンド戦略

販売といっても、対面販売、ＣＭ販売、インターネット販売、チラシ販売、紹介販売など、様々な手法があり、手法に踊らされたマーケティングにも流行りがあるように、セールスにも流行りがあります。例えば今でしたら、インターネット販売はとても重要なセールス手法です。

また、テレビショッピングも多くの人を惹きつける手法ですが、多額の費用が掛かります。Amazonや楽天などのネットショップを活用するのも流行っています。メルカリなどのオリジナル商品を販売するサイトも流行っています。

例えば、あなたがこれから商品を販売しようとする際に、既に競合他社の商品が入り乱れているネットショップに出したとすると、あなたはその中で勝ち抜くことができるでしょうか？　競合他社には既に多くのファンがついていて、あなたはゼロです。よほど秀逸な戦略を組まない限り、なかなか難しいのが現実です。

流行りの手法は蜜の味か？

「今流行りの、この手法についてどう思います？」

これは、いつの時代もよくある質問です。確かに、その時々のトレンドの手法に乗るというのは一時的に集客や売上を上げる効果はあるかもしれません。

あなたはプロダクトライフサイクルという言葉を聞いたことがあるでしょうか。簡単に説明すると、ビジネスや商品は必ず「導入期」↓「成長期」↓「成熟期」↓「衰退期」という流れを辿るという経験則です。導入期は、まだその商品やビジネスの認知度が低く、多くの広告費を使って、市場をつくり上げていく時期です。この時期に参入すると、当初の売上は小さいものの、そのまま市場が大きくなると、いわゆる先行者利益を享受することができます。

　成長期は、先行者によってつくられた市場の上で、多くの後発組が参入すると同時に、お客さまもどんどん増えていくので、結果として大きな売上を達成できるチャンスが広がる時期でもあります。この時期は広告戦略など、競合他社より抜き出るために露出を増やしていく必要があります。

　そして成熟期になると、お客さま数全体の増加は頭打ちとなり、今度は競合同士で市場の奪い合いとなります。この時期になると、専門分野に特化したサービスや、今までなかった付加価値をつけて商品を提供する会社も現れます。「○○専門」「○○に特化」などです。

　もしあなたの業界で、専門分野に特化した競合他社が出てきたら、その業界は成熟期に移行しつつある1つの目安になります。

　また、この時期は、新規客の積極的な獲得より、既存客のリピートを推進したり、既存客からの紹介を促すことで、この先訪れる衰退期を見越して新規事業の準備をする段階となります。

　そして、衰退期になると、お客さまもほとんどいなくなり、競合他社もどんどん撤退し、売上も上がらなくなります。このタイミングに気がつかずに、事業の転換を図ることもしないで、いつまでもこれまでのビジネスに固執していると、いよいよ倒産が現実化してしまうことになります。起業後10年以内に9割以上の会社が倒産するといわれています。倒産原因の1つに「市場との乖離」があります。市場はどんどん変化しているのに、「自分の商品最高」といって、いつまでも同じ商品に固執していると市場から見放されて、誰も商品を買ってくれなくなり、結果として倒産してしまうことになるのです。

常にあなたの業界のプロダクトライフサイクルを意識し、市場が変化したら、あなたも変化をするということを念頭に、ビジネスを構築していかなければ、あなたのビジネスはどこかのタイミングで行き詰まってしまいます。

プロダクトライフサイクルにおける流行りの手法の位置づけ

では、流行りの手法はどうかというと、成長期から成熟期の手法であることが多くみられます。その手法が市民権を得て、多くのお客さまや競合他社がその市場を利用しようと流れ込むので、あなたもその市場にアプローチすれば、大きな利益を獲得できる可能性があります。

しかし、この「流行りの段階」というのは「成長期」以降の段階であり、その前には既に「導入期」で市場を固めている先行者がいます。先行者が市場を形成するので、先行者にとって都合のいい環境が既に構築されているか、あるいは、既に後発組では挽回できないお客さまを獲得している可能性があります。すると、「流行り」だからといって飛びついた市場は、利用者にとっては便利かもしれませんが、提供者側からすれば、既にうまみはないケースも十分あります。

そして「なんで自分だけ上手くいかないんだ」「試しても、ちっとも利益にならない」「ここがダメなら、別の流行りの手法を試してみよう」と流行りの手法を渡り歩く「ビジネス渡り鳥」になってしまうのです。

流行りの手法の逆を検討する

商品を販売する際には、ひと昔前に流行った手法を検討してみるのも1つです。例えばＦＡＸＤＭで販売するなどです。「今頃ＦＡＸＤＭ?」と思われる読者もいるかもしれませんが、「ＦＡＸＤＭは結果が出ないからやらない」といわれる時期にこそ、ＦＡＸＤＭを打ってみるのです。

ＦＡＸＤＭ全盛期の頃は、誰しもが行うために、受け手側の複合機にはたくさんのＦＡＸＤＭが届きます。すると、そのＦＡＸＤＭの山を見た担当者は、届いた紙一枚一枚を懇切丁寧に見ることはしません。届いたＦＡＸＤＭの山にうんざりし、複合機からそのまますぐ横に置いてあるゴミ箱に直行されることでしょう。

しかし、ＦＡＸＤＭは結果が出ないと多くの人に認識され、誰もやらなくなると、受け手の複合機には何も届かなくなります。そのようなときに、あなたから一枚ＦＡＸＤＭがポンと受け皿に乗っていたら、気になって見てしまうかもしれません。

これが流行りの手法の逆を試すということです。

見込み客の層を意識する

今の時代はネット販売がよく目立つので、誰しもがネット販売を試みようとします。しかし、見込み客さんの層によって、販売手法が全く異なることを改めて認識する必要があります。

例えば掃除機1つをみても、家電量販店で販売されているものもあれば、ネット通販やテレビショッピング、訪問販売など様々あります。そしてどの市場も盛況で成り立っています。つまり、それぞれの市場には、それぞれ異なる属性の見込み客さんがいるということです。

実際に手で触って、他の商品と見比べて、店員さんからも情報を得て、最後そのまま持ち帰りたい人は家電量販店に行くし、外に出るのはめんどくさくて、おすすめの商品を電話一本で購入できて、家まで届けてもらいたい人はテレビショッピングを見ますし、いろいろな商品を見比べたいけど、店頭に行くのはめんどくさいという人はネット通販で買います。

現役世代ならインターネットで検索して、旅行サイトを見比べて探すところですが、高齢者層は、新聞チラシが商品購入の手段となっています。もちろん高齢者層でもインターネットで検索する人もいるとは思いますが、それくらい、属性によって実際に購入する媒体も異なりますので、流行りの媒体を使うこと一辺倒ではなく、流行りが過ぎ去った媒体や、見込み客さんの属性をみて、どの手段で販売するかを考える必要があるのです。

3　売上を一気に加速させるにはリストホルダーを狙え

広告費ゼロで濃い見込み客を自然発生させる

あなたはこのような経験がありませんか？「お昼ご飯をどこで食べようか迷っていたけど、親友の○○がおすすめしてくれた店に行った」。私は何度もあります。

自分で店を開拓する楽しみもありますが、店選びに迷ってしまったら、親友のすすめる店に行ってみるのです。このような経験をしたことがある人は少なくないと思います。

このことについて、店側からみてみます。店側からすると、あなたが来店してくれるために、特にPRしたり、特別の広告を打ったりしていません。あなたの自宅にDMを送ったりもしていません。あなたと店との接点は今まで一度もなかったのです。

前述した知識→経験→スキル→実績→信頼の流れでいうのなら、店側に対する知識もなければ、その店がどんな味の料理を出すのかも体感してないため実績もありません。そのため信頼もありません。それなのに、あなたはその店を選んだのです。これはよく考えてみると不思議なことです。

なぜあなたは、その店を選んだのでしょうか。

信頼の移管を活用したリストホルダー戦略

実はここには大きな要素が加わっています。それは「信頼のおける親友からの紹介」。これを「信頼の移管」と呼びます。店自体に信頼がなくても、親友に信頼があれば、その信頼のある親友からの紹介として、その店にも信頼が生まれるのです。

そしてこの信頼の移管を一対多に広げていくのがリストホルダー戦略です。

特にあなたの商品やサービスを率先して販売してくれる「代理店」のような人と組むことができれば、あなたの販売力は一気に高まり、労せず買ってもらうこともできるようになります。

【図表９　信頼の移管】

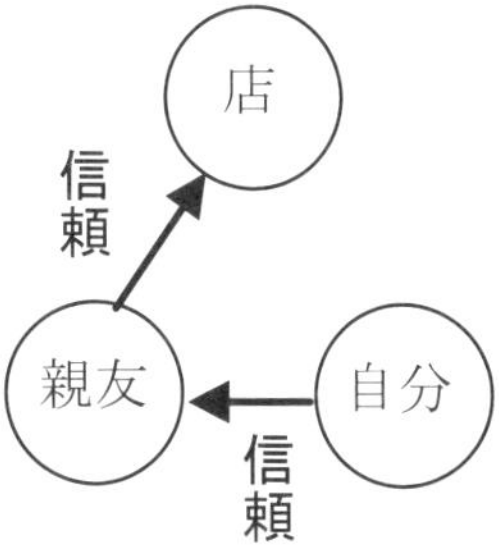

売れるいい商品を案内する

多くの人が「私の商品は本当にいい商品なんです！」と言いますが、戦後でもないので、いい商品は優位性にはなりません。日本の１００円ショップのクオリティは世界的にみてもとても高いですし、日常で使う分には全く困りません。あなたの商品を紹介してくれるリストホルダーが欲しいのは、いい商品ではなく「売れる商品」であり、売れている証拠が欲しいのです。

例えば、凄くいい商品でもひと月に3つしか売れなかったら扱いたいでしょうか？　きっと扱いたくないはずです。なぜなら、そのリストホルダーにも本業があり、その決められた時間や空間の中で、どの商品やサービスを扱うか決めるので、売れない商品なんて扱いたくないのです。「売れる」いい商品を扱いたいのがリストホルダーの心情です。

あっという間に売れる商品を案内する

また、どのタイミングでリストホルダーが稼げるかということも大切なポイントです。あなたの商品を扱い始めても、いつまで経っても利益が出ず、１年経ってやっとわずかな利益が出始めたという商品だったら、当然リストホルダーは扱いたくありません。10年間かけて儲かりましたなんて聞きたくないのです。

例えば、「その商品を扱い始めて3日で飛ぶように売れ始めて、1週間で300万円の利益が出ました！」このような話を聞きたいのです。

つまり、あなたがリストホルダーにするべきことは、いい商品ではなく、短期間でいかに簡単に利益が出る証拠の提示です。もし、リストホルダーに商品を売ってもらいたいなら、あなたが伝えなければいけないのは「これはいい商品です」ではありません。いい商品はあたり前なのです。

リストホルダーに伝えるメッセージの順番

上手くリストホルダーに商品を売ってもらっている人の特徴は、次の順番で伝えています。

① この商品は儲かります
② 手間がかかりません
③ お客さまに喜ばれます

多くの人が、「いい商品です」から入り、「喜ばれます」「儲かります」という順番で伝え、最初に商品やサービスを熱く語ってしまいますが、これではダメです。

例えば、あなたの商品を扱うことですごく儲かったとしても、とても手間がかかり、本業に手が回らなくなってしまってはいけません。そのような状態にならないためにも、あなたがリストホルダーに伝えるべきメッセージは、「儲かります」→「手間がかかりません」→「喜ばれます」という順番なのです。これにより、これからあなたがつくるべき資料も変わってくるはずです。喜ばれる証拠ばかりを集めて、それを資料に載せたってダメです。あなたが集めなければいけない証拠は「売れる証拠」であり、その証拠を資料に載せる必要があるのです。

4　成約率を下げるセールストークは絶対にしてはいけない

正直者は馬鹿をみるのもビジネスの世界

「せっかく対面セールの場面まで来たのに、相手に買ってもらえませんでした」

これはとある方との面談の際に伺ったお話です。見込み客さんと会うために多くの場所へ出向き、そこでお会いした人と個別でお話をする機会を得たのに、その方に商品を買ってもらえなかったというのです。もちろん１００発１００中はあり得ないので、このような機会も大切なのですが、せっかくでしたら成約率は高めたいものです。

そこでどのようなお話をしていたか伺い、決定的な問題があることがわかりました。そのクライアントさんの商品は体の調子を整えるセラピーだったのですが、サービス自体にとても自信があり、熱い想いがあり過ぎてしまったため、サービスの開始から終わりまで、すべての過程を伝えてしまっていたのです。そのクライアントさんは知識や、経験、スキル、実績も十分で、サービスを提供すればお客さまに確実にいい変化を与えることができる人だったのですが、そのプロセスを最初の段階で事細かに伝えていたのです。

その結果、目の前に来た見込み客さんはめんどくさいと思い、立ち去ってしまったのです。

相手のことを救いたいなら言い過ぎないのも正義

これはそのクライアントさんと面談したから初めて気がついたことなのですが、多くの人が、自分の商品最高という想いが強すぎて、自分の言いたいことを熱く語り過ぎてしまっています。そして、その結果あなたの商品やサービスへの魅力を失ってしまい、買わずに立ち去ってしまいます。

本当にあなたの商品を届けることで相手が変われるなら、大事な部分だけを伝えて、きちんと購入に結びついてもらうことも必要です。せっかく結果の出るあなたの商品やサービスを買わないで、他の結果が出るかわからない商品やサービスを買わされるのは、相手にとっても不幸です。

そのためには、簡単に変われることを伝えたり、難しいという印象を極力持たれないトークをしなければいけません。あなたの発するトークが、逆に見込み客さんの購買意欲を削ぐ結果になっていないか、ぜひもう一度見直してみてください。

5　対面セッションでお客さまから契約を引き寄せる手順

最短でお金を生むためにはセールスは欠かせない

これまで、多くの見込み客さんを目の前に連れてくるまでがマーケティングで、目の前の人に買ってもらう行為がセールスだとお話してきました。そして、セールスファネルの上部、つまりマーケティングに力を入れることによって、セールスを不要または極限まで小さくすることもできるのですが、お金を最速で稼げるようになりたいなら、やはり最初にやるのは、セールスです。

セールスという、最後の買ってもらうという行為ができなければ、どれだけいい商品であっても、やはりお金にはなりくいのが現実です。

スタートアップ期に求められる対面セールス

その上で、スタートアップ当初にやらなければいけないセールスは「対面セールス」です。対面は1対1なので相手の悩みを直接聞くこともできますし、その悩みに対する解決策を直接届けることができます。そのためセールスに慣れるまでは、とにかく対面セールをこなし続けます。

そして、対面セールスにも慣れてきたら、次のステップでセミナーやお茶会などの1対多のモデルになります。そこでは、1対多のモデルなので、大衆心理というものが入ってきます。そのため、参加者全員にマッチするような話し方をする必要が生まれます。1対1のときはそのような大衆心理というものはなく、ダイレクトに相手に伝えればよいのですが、1対多のモデルには、大衆心理というのが入ってきます。

これまであなたは対面セールスのやり方を学んだことがありますか？　勉強熱心な方でしたら習ったことがあるかもしれませんが、まだこれからビジネスを立ち上げる人は習ったことがないかもしれません。また、教えられた内容が根性論のようなものでも意味がありません。そのため、ここでは無理なく買ってもらうセールス法についてお話していきます。

相手の欲しい願望や悩みを徹底的に聞き、問題の抽出

まず第1ステップでやることとは、相手の現状にフォーカスして、相手がやっていること、取り組んでいることを徹底的に聞き出します。そして、取り組み内容を聞き出したら、その次にやらなくてはいけないのが、取り組んでいるにもかかわらず、問題が解決されない理由である「敵の発見」です。本人が必死に取り組んでいるにもかかわらず、なかなか上手くいかないこと、イライラしていること、フラストレーションが溜まっていることを発見します。

世の中の大半の人が、今やっている取り組みに対して上手くいっていません。だから、解決策を求めてセミナーや講座に参加したりします。集客セミナーなどに参加すると、実にたくさんの人が参加しています。ブログ集客が上手くいくと聞いて取り組んだのはいいけれど、実際にやってみたら思ったほど集客できないとなってしまっているので、相手の未来を良くしてあげるために解決策を提案してあげなければいけません。そのときにやらなければいけないのが、第2ステップの「敵の発見」です。

そして、第3ステップで、「それは上手くいっていますか？」と聞きます。そこまで聞いて、「上手くいってないよ」「思ったほど効果が出ていないんです」と相手が言ったら、それが「敵」確定です。

上手くいっていない根源を探して解決策を提示し、興味を聞く

ここまで来たら、今度はその次のステップで、上手くいっていないと言っているのですから、その上手くいっていない根源を探さなければいけません。ステップ４では「根源」です。

そして、その根源が見つかったら、その取り組んでいる根源自体を変えてあげる必要があります。なぜなら、その根源を変えないと相手の取り組み自体が上手くいかないからであり、その変えてあげる手段が、あなたからの提案なのです。これがステップ５です。

あとは、ステップ６で、相手に対して、「今回の提案内容について興味はありますか？」と聞いて、相手が「あります」と言えば続きを話せばいいですし、興味がないと言えばその時点で終わればいいのです。

興味の理由を聞く

そして、もし相手が「興味がある」と言ったときに、いきなり契約書を出すような先走りをしてはいけません。あなたの中で、「売り込んでやろう」とセールス思考が強いと、相手の「興味がある」という言葉に反応して、すぐセールスに入ってしまうのですが、売る気を出してしまうと上手くいきません。相手は売り込まれたくはありません。

興味がありますと言われたら、あなたが発するべき言葉は「なぜですか？」と質問します。これがステップ７です。相手が抱えている問題に対して、解決策が今、目の前に提示されました。そし

てそれを、「なぜ興味あるのですか?」と聞くと相手は未来を語り始めます。「この問題が解決できたらこんなことやりたい」「こういう問題を解消したい」と相手が未来を語り始めるのです。

この得られる未来をベネフィットといいますが、ベネフィットはあなた自身が語るより、本人に語らせてしまったほうが確実で早いのです。

セールストーク最大のポイントは興味の理由を聞く

実はここが大きなポイントであることにお気づきでしょうか。多くの人が、「自分の商品を買うと、こういう未来が待っています」と商品自慢をしがちなのですが、それはあなたの自己判断であり、相手の欲求やフラストレーションに響くかはわかりません。事前に十分な調査をした上でベネフィットをつくったとしても、そのベネフィットが目の前の人にマッチするかわかりません。それでしたら、相手に語らせてしまったほうが、絶対に間違うことはないのです。

人は、相手の話を聞く際は、他のことを考えることができますが、自分が話しているときは、他の事を考えることができません。ということは、脳科学の観点からみても、話すのではなく「語らせる」ことが大切なのです。

商品購入に向けて相手が自ら自己説得を始める

しかも、この語らせるという行為にはもう1つのメリットがあります。それは、こちらが話すと相手に売込み感を感じさせますが、相手に語らせることで、こちらは何もすることなく自己説得を始めてくれます。ここが売り込みを感じさせない最大のメリットでもあり、多くの人が盲点となるポイントです。なぜなら、セールスとは、「話すこと」だと多くの人は誤解しがちです。しかし、セールスとは話すことではなく相手に語らせ、自己洗脳を促すことなのです。

よくできる営業マンほど、相手にたくさん話させるといいます。私が所属していた保険会社でも、できる営業マンほどセールス色がなく、相手の話に耳を傾ける「傾聴力」が、人一倍優れていました。当然、表面的には、「うんうん」聞いているだけなので、売り込みを感じさせることもありませんし、嫌な印象を残すこともないのです。

ですので、この手法は口下手で話すのが苦手という人には、最高な方法です。なぜなら、あなた自身がひと言話すごとに成約率は落ち、話さないことこそが最大の成約率を叩き出す最良の方法だからです。そのため、話が苦手な人は、この手順をマスターし、ビジネスの現場でぜひ活用してみてください。

セールスの締め

相手にベネフィットを語ってもらうことがステップ7です。

そして、最後に「それをやりますか？」と聞いてセールスは終了です。「やりますか？」「トライしてみますか？」この一言だけ伝えればよく、これだけのステップで終わってしまうので、10分から

20分くらい話をすれば、セールスは終わりです。

しかし、多くの人が「自分の商品の機能は」とか「他社にはない特徴が」と、相手が望んでもいないことをいきなり話し出すから、相手との感情がズレて購入までに至らないのです。セールスとはあなた自身が疑問に思ったことを1つひとつ繰り返し確認していくだけです。

セールスファネルの中で、バックエンド商品のところで加速エンジンを効かせると、大きなストレスになることをお話しました。それは何としても相手に買ってもらおうと売り込むのでストレスになるのであり、マーケティングによって目の前に来た人の、悩みを聞き出し、その解決策を目の前に提示してあげるだけで、ストレスなく販売につなげることができます。セールスが苦手という方にはまずは今回の流れを使用していただき、売り込むことなく、見込み客さんに購入していただければと思います。

6　競合他社のお客さまを自分のお客さまに導くには

競合他社を叩き、あなたの商品を買ってもらう

前項で、敵の特定というステップが2番目にありました。また、見込み客さんのフェーズ3の人には、既に使っている商品の穴を指摘して、あなたの商品やサービスに流れ込んでもらうという手法があることを前述しましたが、具体的にどのように敵からあなたの商品に導くのかお話します。

最もわかりやすいのが、今の取り組みに対して、不足点や穴を指摘して、あなたの商品やサービスに来てもらう方法です。これは既に前述しています。

競合他社の商品と併存させる

ここではもう1つのやり方をお伝えします。それは競合他社を叩くのではなく、併存させるのです。どういうことかと言うと、例えば、あなたが長期的な株（＝長期株）を販売することができる金融ブローカーだったとします。目の前に株を買いそうな見込み客さんが来ましたが、その人は短期的な株（＝短期株）を保有していたとします。その見込み客さんに対して、「短期株は安定しないから、長期株に乗りかえたほうがいいですよ」と言うのは、短期株という競合他社を叩いています。

また、短期株を持っていた見込み客さん本人にとっても、あたかも自分が批判されたような感覚になります。これを心理学の用語で「同一視」といいます。例えば、あなたの持っているスマートフォンのケースに対して、他人から「センスないね」と言われると、あなた自身を批判されたわけではないですが、あたかも自分が批判されたような感覚に陥り、相手のことを嫌うかもしれません。同様に、見込み客さんが持っている短期株を叩くと、その見込み客さん本人を叩いているのと同じ意味を持ち、あなたから長期株を買ってもらえる確率は限りなくゼロに近づきます。

一方で、併存させるというのはどういうことかというと、このように提案します。

「短期株もいいですが、長期株もポートフォリオに入れたほうが、長期的に安定して資産が増えるので、長期株も組み入れませんか？」と言うのです。すると、この言葉の中には、短期株を批判する文言は入っていないので、見込み客さん本人を批判することにはつながりません。このように伝えることで、見込み客さんは気分よくあなたから長期株を購入してくれるようになります。

併存は逆の立場からも可能

ではあなたが短期株を扱い、見込み客さんが長期株を持っていた場合は、どのように併存させていくのかというと、簡単です。「長期株は安定して資産が増えるのでいいですが、短期的に資産を増やせるチャンスもあったほうがいいですよね。ぜひあなたのポートフォリオに短期株も組み入れませんか？」ということで、長期株を叩かずに、短期株を買ってもらえるようになります。

例えば、あなたがサプリを用いたダイエットサービスを販売していた場合、マッサージによってダイエットしようとしている見込み客さんに、サプリも併用させることで、より効果が高まることを教えてあげることも1つです。

このように、敵を特定して、その敵からあなたの商品やサービスへ目を向けてもらう方法には大きく2通りあり、敵を直接叩く場合には、相手も結果に対するフラストレーションを感じる必要がありますが（フラストレーションがないと、同一視が働き、相手自身を叩いてしまうことになるため）、併存は相手の中にフラストレーションがなくても提案できるので、ぜひこの2パターンをケースに応じて使い分けてみてください。

7　販売力を劇的に高めるリスクリバーサル

成約率を簡単に高めて、売上も上げるリスクリバーサル

「満足いかなければ全額返金！」

この言葉や、この言葉に近い内容を聞いたことがある人は多いと思います。見込み客さんの購買障壁を引き下げ、「まずはお試し」という意識を持たせるために返金保証をつけるものです。

リスクリバーサルという言葉があります。このような返金保証を行い、もしその商品に満足がいかなかった際のリスクを提供者側が負うことなどをいいます。

しかし、このリスクリバーサルという言葉を単に「返金保証」と位置づけてしまう人もいますが、本質的にリスクリバーサル＝返金保証ではありません。あくまで返金保証はリスクリバーサルの中の１つでしかありません。

例えば、返金保証によって見込み客さんの購買意欲を駆り立てることが目的だとした場合、このような返金保証が謳われていたらどうでしょう？

「手術、失敗したら全額返金！」

おそらく、怖くてこんな病院にはお願いできないと思います。確かに全額返金してくれるのはいいですが、その代償が命かもしれないのです。

リスクリバーサルの本質

リスクリバーサルの本質は、あくまで見込み客さんの購買障壁を極限まで下げることです。そのために必要なことが返金保証なら、その施策を実行すればいいですし、もし他の施策のほうが有効なら、その別の施策をするべきです。

例えば、先ほどの「手術、失敗したら全額返金!」という保証。この場合、例えば、「世界で最も多くこの症状に対する手術を経験し、その成功確率は99・9%です。ここ1か月以内にも10件行い、すべて無事に終えています。今回はその医師があなたを担当します」。ここまで書かれていたら、あなたはこの病院にお願いしようと思うはずです。世界で最も多く手術をしてきた医師で、この医師でも治らなかったら仕方がないと諦めもつくでしょう。

リスクリバーサルは単に返金保証を謳うものではなく、見込み客さんがあなたの商品やサービスを購入するために、どのような不安や心配事を抱え、購入へ一歩踏み出せないでいるか把握し、その最後の障壁を取り除いてあげることなのです。

もしあなたが、リスクリバーサルの考え方を自分のビジネスに応用できない場合は、それは見込み客さんが抱える不安や悩みの現実を把握していない証拠でもあります。見込み客さんは、あなたの商品やサービス問題を解決したいのに、一歩が踏み出せないで困っているのです。

あなたの商品やサービスで、最後の見込み客さんが抱える購入障壁は何ですか。それに対して、あなたはどのようなリスクリバーサルができますか。

第6章　ブレイクを加速させるビジネスマインド法

1　お金ではなく実績を取りにいくことで、さらにお客さまを引き寄せる力がつく

前章までで、商品づくりと、戦略についてお話しました。

ビジネスの最も大枠は、「商品×戦略×マインド×環境」ということは何度もお伝えしてきました。

この章ではマインドについてお話していきます。

まずは最も大切な成功マインドはこちらです。

ビジネスは価値交換

ビジネスをする上で最も大切なマインドは、ビジネスは価値交換であるということです。ビジネスは決して相手から奪うものでもなければ、相手に一方的に与え続けるものでもありません。あなた自身が持つ価値と相手の持つ価値の「交換」が本質なのです。

商品やサービスを提供する人が「価値提供者」というのはわかりやすいと思いますが、実は商品やサービスを欲しいという人も、立派な「価値提供者」です。欲しいという人がいるので、初めて与える人の価値が生きるのであり、欲しい人のいない商品やサービスは、ただのエゴ、自己満足になってしまいます。

この、「欲しい人も価値提供者なんだ」ということを忘れて、「商品やサービスを提供する自分たちが価値提供者で偉いんだ」となると何が起こるのかというと、何も起こらなくなります。言い方を変えれば、「売れない」となります。

スタートアップ期はお金を追わない

では、商品やサービスの利用者があなたに与える価値とは、具体的にどのようなものなのでしょうか。例えば、お金は最も典型的な価値です。あなたが商品やサービスを提供して、そのお返しとしてお金をもらう、スーパーで食材を買ったらレジでお金を払う、極々普通の行動です。

しかし、ビジネススタートアップ期においては、一気にブレイクを加速したければ、お金ばかりを求めてはいけません。もちろん資金不足を起こし、会社員やアルバイト生活者に戻ってしまっては元も子もないですが、お金があるうちは、相手からお金をいただくことだけにフォーカスしてはいけません。

ビジネスを進める上で、知識、経験、実績、お金、人脈などのリソースが少ないうちは、とにかく労力に頼らないといけません。しかし、徐々にリソースが増えてくると、あなた1人でやらなければいけないことが減り、第三者や外部のツールを使えるようになるので、労力から解放されていきます。

そのため、スタートアップ期はリソースを増やすことに、とにかく集中してください。

お金の価値と実績の価値は不平等

ただし、前述の通り、リソースの価値は平等ではありません。特にリソースとして「お金」の価値はとても低いのです。例えば、お金はその気になれば、アルバイトをしたり日雇いの仕事をすればいつでも稼げますが、その間に失った時間は取り戻せません。つまり「お金＜時間」です。

同様に「お金＜実績」です。お金は使えばなくなりますが、実績や知識などは使えば使うほど磨かれます。

例えば、まだお客さまがゼロの段階で、最初の価格設定をいくらにするかというのは大きな悩みの種です。コンサルタントによっては、「無料はいけません。必ずお金をもらうようにしてください」という人もいます。確かにお金をもらうことが、相手に変化を与える上ではとても大切です。

しかし、初めてお客さまを獲得することを考えた場合は、少し話は変わってきます。認知や信頼がゼロの段階で、最初のお客さまを獲得するのでしたら、価格設定は「無料」でいいですし、クライアントさんにもそのように伝えています。

なぜなら、相手はどこの馬の骨ともわからない人から、わざわざ自腹を切ってモルモット（実験台）になんてなりたくありません。仮に無料であっても貴重な時間や移動費用、また本来その時間を使って本業やアルバイトをすれば稼げてたであろうお金（機会費用といいます）を費やしてモルモットになんてなりたくないのです。

それでしたら、無料でやってくれる人を探す時間をかけるくらいなら、あなたからお金を払ってお試しさせてもらったほうが、時間を短縮することができます。

「え?自分がお金を渡して、商品を買ってもらうの?」と思うかもしれません。お金をもらわないといけませんというコンサルタントとは全く逆のことを言っています。しかし、お金以上に大切なものは時間です。過ぎ去った時間は一生取り戻せないのです。

無料に対する交換価値とは

では、無料、あるいはあなたからお金を払ってでもお試しをしてもらって、相手からもらう価値とは何でしょう。それは「実績」です。

確かに、相手からお金をもらわなければ、相手の意識が高まらないので、行動を起こしてくれないことも考えられますが、初めから有料では、そもそもお客さまが集まらないようでしたら、無料やお金を払ってでもお願いし、あなたが密接に関わることで、相手に結果を出させるほうが確実です。

今後、有料でやっても、行動をしない人、結果が出づらい人というのは必ず出てきますので、その人向けの練習にもなるかもしれません。

あなたがもし短期間でブレイクをしたいのでしたら、最初は目の前のお金を追ってはいけません。とにかく、価値の重いものから追っていくことを常に意識してください。そして、価値の重いものが手に入れば、自然と、価値の低いものは、勝手にあなたのもとへ入ってくるようになります。つまり、実績を追って、手に入れることで、勝手にお金は入るようになります。

2　得たお金をさらに自己投資に回すことで、成長が加速する

金融投資なら詐欺の利率でも、自己投資なら合法

商品や戦略も整い、実績が蓄積されると、次第にあなたのもとへお金が入ってくるようになります。そして、得たお金をどのように使うかによって、あなたが短期間でブレイクできるか否かが分かれます。

これまで様々な人とお会いさせていただく中で、成功が早い人の特徴として、得られたお金をさらに自己投資へ回す人ということがあげられます。例えば、同じ投資でも株式投資などの金融投資を考えてみます。年率30％の投資というのは、投資の中でも成功している数値です、安定的な利益を見込むなら10％がいいところです。

しかし、ビジネスで30％の投資というのは、間違いなく失敗です。それは、１００万円を出資してビジネスを開始し、1年後に30万円しか稼げていないということです。

30万円では生活はできません。少なくともビジネスでみるなら、年率１０００％（1年後に10倍）の利益を生み出さないと、生活ができるレベルにはなりません。つまり、金融投資で年率１０００％というと詐欺以外ありえませんが、ビジネスではあたり前の数字です。

これは自己投資にも当てはまります。得られた１００万円を、最低限必要な生活費を差し引き、

仮に残りの70万円を再度自己投資に回すことで、そこからさらに３００万円のお金を回収し、今度は50万円の生活費を差し引いた２５０万円を自己投資に回していく。このようにしてお金を回していくことでどんどん知識や経験を蓄積させ、生活水準も高めながらお金を増やしていくことができるようになります。

自己投資に回せない人の末路

一方で、自己投資に回せない人はどうかというと、得られた１００万円のうち、生活費の30万円を差し引き、将来のためにと50万円を貯蓄し、残りの20万円を自己投資に回します。その結果、得られたお金がまた１００万円だったら、30万円の自己投資と、50万円の貯蓄、そして20万円の自己投資となり、結果的に、いつまで経っても売上は小さいままで、生活水準も上げることができなくなります。

3　フォーカスをブラさず、常に本業に集中する

迫りくる甘い誘惑

ビジネスをスタートさせると、これまでの人間関係とは全く異なる人と付き合う機会が多くなります。その中では「この人のビジネスは凄く魅力的で、自分もこんなビジネスをしたい」と思うよ

うな場面に出くわします。

私自身、マーケティングコンサルタントという職業柄、様々な仕事を目にする機会があり、その中には本当に魅力的なビジネスを持たれている人もいます。

しかし、ここで甘い誘惑に心踊らされて、本業をそっちのけでそのビジネスに飛びつくか、心を鬼にして本業に専念するかで、その後の成長はまったく異なります。

ゼロスタートの恐怖

ビジネスは、知識→経験→スキル→実績→信頼という流れで構築されていきます。もしあなたが最速でビジネスを軌道に乗せたいのなら、既に実績のあるものを、既にアプローチ可能な媒体先にいる見込み客さんに価値を提供するのが大原則です。

よく理解している業界でしたら、そこに滞在する見込み客さんの願望やフラストレーションも把握していますので、どのような商品やサービス、メッセージを発信すれば響くのかもわかります。

一方、全くのゼロからスタートすると、知識のフェーズから始まるので、軌道に乗るまで時間がかかってしまいます。もしあなたが、今の本業や今まで実績のあるものを放棄して、簡単に稼げそうな魅力的にみえる分野に飛びついてしまうと、その分野では全くの素人からスタートします。当然、そこにいる見込み客さんの願望やフラストレーションもわかりませんし、どのようなメッセージが響くのかもわかりません。

競合他社は稼げているので、自分もそこに参入すれば稼げるような気がしますが、現実はそう甘くはないのです。

遅れの法則

仮にあなたがゼロからスタートした場合、どのような曲線を描くのでしょうか。ここに遅れの法則というものがあります。これは縦軸に結果を取り、横軸に行動や時間をとる図です。

【図表10　遅れの法則】

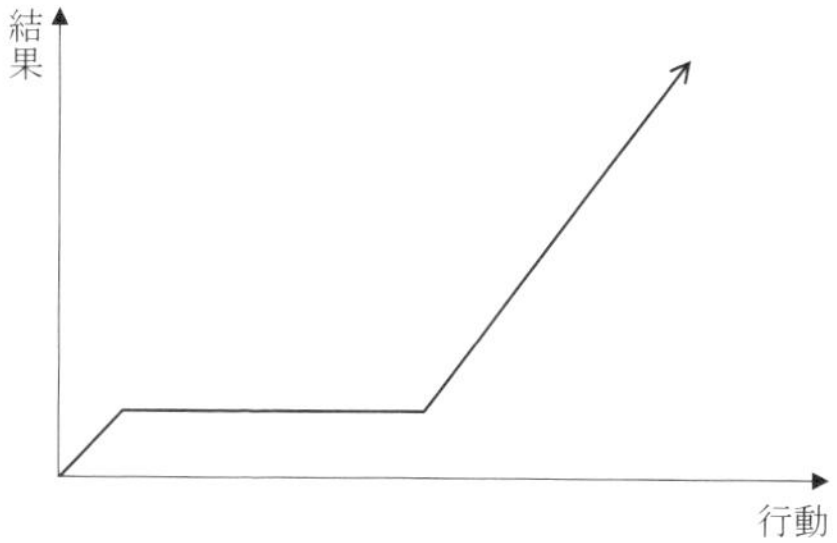

あなたがビジネスをスタートさせると、ビギナーズラックと呼ぶかは別として、一時的に成果が出るときがあります。しかし、そのような上昇曲線も長続きせず、すぐに行き詰まります。いくら時間をかけて施策を繰り返しても、なかなか成果が出ません。この時期にどのような行動をとるかによって、あなたの未来は変わります。多くの人にとって、いくら行動しても結果の出ない時期というのは苦しいものです。

この時期に、「自分にはこのビジネスのセンスがない」「このビジネスはダメだ」と思って別のビジネスに飛びつくと、またゼロからのスタートになります。すると、最初は一時的に結果が出ますが、またすぐに停滞期に入ります。

そしてまた別のビジネスに移ってゼロスタート。この繰り返しをすると、いつまで経っても成功を手にすることができなくなります。

停滞期の本当の意味

この停滞期に入ると、自分が全く成長していないように感じますが、実際には成長していないのではなく、あなた自身の「勝ちパターン」を見つけているとても大切な時期なのです。勝ちパターンは人それぞれです。

リアルが得意な人がいれば、ネットが強い人もいます。

リアルでも、交流会が得意な人もいれば、既存の人的ネットワークを生かすのが得意な人もいます。ネットの中でも、SNSが得意な人もいれば、ホームページが得意な人もいます。

その人の知識・経験・実績・人脈・資金などのリソースの中で、独自の勝ちパターンを見つけているのがこの停滞期なのです。そして、この時期に勝ちパターンを見つけることができれば、一気にブレイクすることができます。

この停滞期をいかに早く抜け出せるかは、行動の質と量にかかわります。この時期を抜け出すのに1から10までの行動が必要だとして、1の行動を終えたら、次の2の行動を行うか、1から3までを一度に行うかによって、この時期を抜け出す期間は異なります。

私が関わってきたクライアントさんの中で、成果が早く出る人は、この行動スピードが早いと同時に、一度に複数の施策を試して、その中から上手くいく施策に特化して取り組んでいます。

この停滞期のトンネルを歩いて乗り越えるか、ジェット機で乗り越えるかは、あなたのビジネスへの情熱が試される時期でもあるのです。

ビジネスを始めると、必ず壁に当たります。そして、その停滞期の根源がどこにあるかは人それぞれです。しかしそのときに、本業に集中して辛抱強く取り組めるか、他のビジネスに飛びつくかで、あなたの成否は大きく分かれます。

停滞期に当たったときには、「今は遅れの法則の時期だ」と認識し、なぜこのビジネスを始めたのか改めて思い返し、行動の質と量やマインドを再考して、あなたが情熱をもって始めたビジネスをぜひ最後まで貫き通していただきたいと思います。

4　成功者を徹底的にマネして、さらに自分のモノとして加速させる（守破離）

真似は最高のビジネス戦略

多くの日本人が、小さな頃から言われ続けている言葉の１つに、このような言葉があります。

「他人の真似をしてはいけません」「もっと個性を大事にしなさい！」

このような言葉を親から言われたり、学校の先生から言われた人もいると思います。またビジネスにおいても、「独自の強みが大切」と言われるように、常に誰の真似もせずに、自分でゼロから築いていくことが良しとされる風潮があります。

しかし、ビジネスのスタートアップ期において「真似」は最強の戦略です。競合他社がいて、その競合他社があなたと同じ業務内容できちんと稼げていれば、あなたは競合他社の施策を真似することで、同じレベルにまで稼げるようになります。また、競合がその業務で全く稼げていなかったら、あなたも同じように稼げないビジネスに陥る可能性があります。

例えば、競合他社が年間で5000万円稼げていれば、競合他社を真似すれば、あなたも5000万円までは十分に稼げます。なぜなら、実際に5000万円までは稼げるレールが既に敷かれていて、そのレールに乗る（5000万円稼いでいる競合他社と同じような広告を同じ市場に対して出すなど）ことで、それほど苦労せずに一気に駆け上がることができます。一方で、競合他社の売上が年間300万円だったら、あなたの売上も300万円で止まります。売上300万円までしかレールが敷かれていないからです。

それ以上の稼ぎを目指したいなら、まだその業界ではやったことがない施策を行うしかなく、それは未開の地をあなた自身が開拓していくことになります。そこには予期せぬ壁があるかもしれませんし、大きな穴があるかもしれません。そのようなリスクを背負うくらいなら、大きな稼ぎを生む市場に出向いて、そこで競合他社を真似したほうが、よほどリスクなく成長することができます。

商品×戦略×マインド×環境の中で、戦略は競合他社を真似する、これが成長を加速させるのにとても効果が高いので、ぜひ真似を悪と決めつけずに、どんどん取り入れるようにしてください。

商品も真似する

戦略の真似がとても効果的なのと同じように、商品の真似も効果的です。特にスタートアップ期は、どのようなサービス内容にするか迷うところです。あらかじめ決定したサービス内容があれば、それを突き通すのも1つですし、もしまだ不確定でしたら、元気な競合他社のサービス構成を真似すれば、ハズす確率は小さくなります。

もちろん、既に決定したサービス内容があったとしても、それが市場で受け入れられているサービスとかけ離れていると失敗する可能性が高いため、元気な競合他社とどれだけ違いがあるのか確認する上でも、一度調査してみる必要はあります。

5　集客は新規7：既存3、サポートは新規3：既存7

ビジネスの目的は多くの人に価値を提供すること

すべての人間に共通して与えられたもの、それは「1日24時間」という時間です。

ビジネスを始めると、この決められた時間枠の中で、どこかにフォーカスして、どこかを二の次にする必要が出てきます。例えば、前述したフォーカスをブラさずに本業に集中することも、この限られた時間を有効活用するために必要な仕事術です。

しかし、ビジネスを始めると、どちらに注力すればいいか迷うときがあります。その代表例が、新規客を集める動きに注力したほうがいいのか、既存客への対応に注力したほうがいいのかという二者択一です。ピーター・ドラッガー曰く、事業の目的は顧客を創造することだと言います。

つまり、既存客への対応も大切ですが、あなたの価値を受け取ることができる人を常に創造し続けることが、あなたの役目なのです。

集客は新規7：既存3

しかし、いつも新規客を追い求めているわけにはいきません。その割合は「新規7：既存3」というバランスがちょうどいいといわれています。そして、既存7のうち、多くの行動はセールスやクロージングという直接的な行動ではなく、集客への「種まき」です。セールスファネルの「きっかけ・認知」の部分が大半となります。

例えば、交流会やお茶会に出向いて知り合いになったり、SNSを使って、たくさんの人とつながりを持つなど、そして知り合った人に対して相手が知りたい情報を提供し続けるなどをすることで、あなたの認知と信頼は高まり、およそ3か月後に芽が出ます。

つまり、もし今お客さまがいない人というのは、3か月前に何も集客活動を行っていなかった結果によるものであり、逆に、今お客さまがいなくても、種まき活動を行うことで、およそ3か月後にはお客さまを得ることができる可能性が高くなります。

新規７のうち、種まき活動が大半を占めるということをきちんと認識して、ビジネスをスタートさせてもらいたいと思います。

サポートは新規３：既存７

一方、実際にサービスを提供するサポートは、「新規３：既存７」にするように心がけてください。

よく「新規客にペコペコして、既存客を蔑ろにする」ようなお客さま対応をしている人がいます。ビジネスはリピートからが収益獲得につながるといわれるように、既存客を大切にして、何度も利用してもらうことがビジネス永続のポイントになります。新規客を獲得するためには、一定の広告費や営業に必要な人件費がかかるからです。

そして、新規客を欲しいがために、既存客へのサポートを蔑ろにした結果、既存客は離れ、獲得コストの高い新規客にビジネスを圧迫されることになってしまいます。新規客は次も来てくれるかわかりませんが、既存客は今後もお金を落とし続けてくれる可能性があります。

もしあなたが少しでもビジネスを長くやり続けたいと思うのでしたら、ビジネスに使う全体の時間や力量のうち、７割を新規客の集客に使い、３割を既存客へのサポートに使います。

そして、サポートに使う時間や力量のうち７割を既存客へ使い、３割を新規客に使うようにすると、ビジネスはどんどん安定していきます。

既存客のリピート率を高めるために

既存客が利益の拡大に大きく貢献するのですが、リピート率を上げる施策にはどのようなものがあるのでしょうか。

例えば、購入回数によって、ランクが上がるなどは多くの業種で実施されている方法です。自分のランクが上がっていくことで、一種のゲーム感覚で商品やサービスを購入し続けてくれます。

航空会社でも利用量によって、一般メンバーからプラチナメンバーやダイヤモンドメンバーなど、ランクづけされています。そして、翌年も同じだけ利用しないと、階級が落ちてしまうので、その階級に居続けたい人は、必死に利用することになります。

中でも興味深いのが、高額のサービスになればなるほど、そのサービスを提供するのにかかうコストは小さくなります。例えば､航空会社の場合､階級が高い人から機内に案内されます。この「先に乗せてあげる」というサービスにかかるコストはゼロです。それにもかかわらず、このような優遇を受けたいから、高い階級取得し続ける人もいるのです。

ポイントは、お客さまのエゴをくすぐってあげるということです。人間は周りの人より優遇されたいという欲求があるため、その欲求を叶えてあげれば、人は何度でも同じ商品やサービスを購入し続けるのです。

あなたのビジネスでは、どのようなサービスを付け加えることで、お客さまのエゴをくすぐることができますか。

第7章　成長せざるを得ない環境を手に入れ、強制的に成功を収める

1　家族や友人・知人、同僚はみんな反対する

成長することを自分自身にコミットする

もしあなたのこれまでの人生を一発逆転させたいと思うのでしたら、あなたがやるべきことはたった1つです。それは「やったことがないことをやる」、それしかありません。

そこに、あなたの人生を変える突破口があるのです。その突破口を突き破った瞬間、あなたは本書を読んだ本当の価値が生まれます。そして、人工知能時代でも勝ち組として常に社会の先頭を走り、人を導くリーダーとなることができます。

しかし、それは一朝一夕ではできないかもしれません。今までやったことがないことをやるので、怖いこともあるし、勇気を振り絞らないといけないこともあると思います。

あなたが今必要なことは、自分自身にコミットすることです。もし、あなたに家族や親友がいるのでしたら、その人たちにコミットしてください。あなたの想いが本気なら、必ず応援してくれます。

あなたの成長を怖がる周りの人々

ところが、世の中には、あなたの足を引っ張る人がたくさんいます。しかし、その人たちはあなたのことを嫌いなのではなく、意外と好きだったりします。好きだから「同じ空気を吸おうよ」「一

緒に社長や上司の悪口を言おうよ」「全部、家族のせいにしようよ」と言って、あなたを自分たちの世界観に引き込もうとするのです。なぜなら、あなたが変わった瞬間に、その人自身も変わらなければいけないとわかっているからです。

だから、本書を読んだあなたには、あなたの家族、友人知人、会社、業界のために、あなた自身が先駆者となり、周りを巻き込んで成長するリーダーになってもらいたいと思います。

2　人間の成長を決めるコンフォートゾーンとセルフコンセプト

誰にでもある成功体験

あなたは自分に自信がありますか？「自信」は、自分を信じると書きます。自分を信じられているでしょうか？「信じられている！」というあなた、なぜ自分を信じられるのですか？

例えば「何度も成功してきたから」という人もいると思います。「いや、私には成功体験なんてない」と思われる人もいるかもしれません。

しかし、本書を読まれているあなたには、成功体験が必ずあります。あなたが赤ちゃんだった頃に、ハイハイから２本足で立って歩くことだって立派な成功体験です。赤ちゃんのうちは、２本足で立つなんて考えもしなかったのに、体が一定まで大きくなると、これまでの未体験ゾーンに、無理やり突入して、そして成功します。誰しも成功体験はあるのです。

成功体験を認めない人間の本能

ただし、問題があります。人間はその成功体験を忘れてしまうのです。忘れてしまうし、その成功を祝おうとしないのです。原始の時代から人間の脳は面白い構造をしていて、できるだけあなたに自信をつけてほしくないようにできています。なぜなら、あなたが自信をつけてしまうと、未開のジャングルに勇猛果敢に飛び込んでしまうからです。そして、その結果ジャングルの中にいる猛獣に襲われて殺された仲間を何人も見てきたから、できるだけ自信をつけてほしくないのです。

自分を信じることによって、「できるかもしれない」「やれるかもしれない」と思ってほしくないのです。なので、それが人間の脳の基本形です。

成長や成功を意識的に認めて褒めてあげる

このような脳の前提を理解した上で、あなたがするべきことは何かというと、あなた自身を認めて、成功を祝ってあげることです。自分にとってハードルが高いと思っていたことに挑戦し、少しでも成功したら、あなた自身を十分に褒めてあげてください。チャレンジする前は難しいと思っていたのに、それを達成した瞬間に、これまでの過程を振り返り、脳は「実は大したことはやっていない」と勝手に思い込みます。

これから42・195キロのフルマラソンを走ろうとスタートラインに立った瞬間は、すごく緊張しているのに、その過程の辛い思いを耐えて、ゴールテープを切った瞬間に、「やった〜!」ではなく、

「でも自分は、前からできたし」「練習でも何回でも走っているしな」となるのです。

なぜこのようになるのかというと、あなた自身にとって凄いことを達成したのにもかかわらず、凄いと認めないのは、自分自身に自信をつけないように脳が勝手にしているからです。だから、小さな勝ちも認めて、祝ってあげてください。

問題を手放したくない人間

世の中には、「成長したくない」「絶対に成功したくない」という人がいます。「そんな人いるの？」と思うかもしれませんが、実はあなた自身の中にもそのような一面が潜んでいる可能性があります。

例えば、あなたはこのような経験をしたことがないでしょうか？

「この学校に入りたい！　けど入ったらみんなについていけるかな…」

すると、あなたの潜在意識の中では、意図せず「この学校には入らない」思考が動き出し、その不安が大きければ大きいほど、無意識のうちに不合格に進んでしまいます。

目標が達成してしまった瞬間に、勝ちを祝ってしまった瞬間に、あなた自身が大きくならなければいけなくなり、責任を持たないといけなくなるので、あなた自身の潜在意識が拒否するのです。

問題はどれくらいの時間をかけて解決できると思いますか？　答えは、一瞬です。例えば、怒っている状態から、怒っていない状態になるのにかかる時間は一瞬です。

スティーブ・ジョブズが iPhone のアイデアを出すの費やした時間は一瞬です。準備に時間がかかっただけで、その決断をするのは一瞬です。
アイデアが降ってくるのは一瞬なのです。やろうと思えば、すべて一瞬で問題は解決します。しかしながら、その人にとっては生まれて数十年、ずっと抱え続けてきた問題です。それが一瞬で解決してしまったら、この数十年間はいったい何だったのかとなってしまうので、認めたくないという意識が心の奥底には眠っているのです。

あなたの行動に制限を付けるコンフォートゾーン

もし、あなたが、「私には無理だ」「それはできない」と思っていたら、それはセルフコンセプトが低く、コンフォートゾーンが低いステージにいる状況にあります。そのような状況ではせっかくのチャンスも掴めないので、コンフォートゾーンやセルフコンセプトを引き上げる必要があります。

【図表11　コンフォートゾーン】

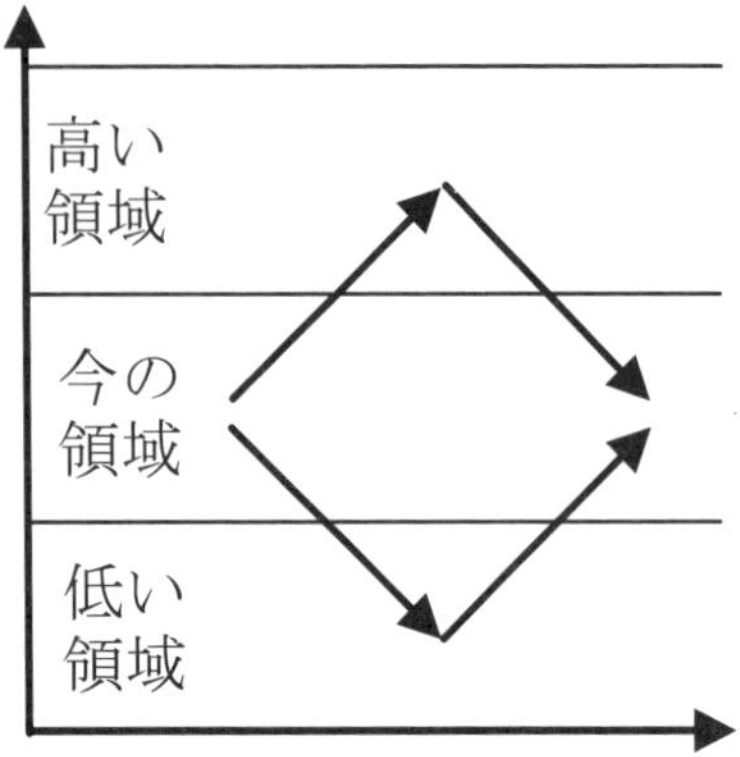

コンフォートゾーンとは、よく「安全領域」と呼ばれ、簡単にいうとあなた自身の中の「あたり前」です。これはかなり潜在的な話でもあり、あなたの得たい未来の実現を、強く妨げる要因にもなり得ます。仮にあなたが、会社員で年収400万円の平社員があたり前という認識で日頃行動

していたら、もしあなたが急に年収１０００万円の部長になると、大きな違和感を感じ、居心地が悪くなります。また年収数千万円の社長になると、周りから「社長」と呼ばれ、やはり居心地が悪くなり、できれば元の環境に戻りたいと思って、自然とそのような行動を取ってしまいます。

一方、大きな借金を背負い、毎月数十万円も返さないといけない状態になったら、それも居心地が悪いので、必死に稼いで、元の生活に戻ろうとします。図示するとこのようなイメージです。

中には借金がコンフォートゾーンの人もいます。その場合は、もし頑張って借金を返済しても、借金のない自分に違和感を感じ、また再び借金をしてしまうという生活に陥ってしまいます。

あなたの立ち居振る舞いを決めるセルフコンセプト

「セルフコンセプトって何ですか？」と聞かれたら、答えはこれです。

「あなた自身があなたのことをどう見ているか」

「あなたはどういう人間ですか？」ということです。

あなた自身が自分のことを成功者だと信じているのでしたら、成功は必ず手に入ります。あなたは、自分はプロのアスリートだと、自分はそれに見合う人間だと思っていれば、プロアスリートになるチャンスは必ずやってきます。マイケル・Ｅ・ガーバーの著書「はじめの一歩を踏み出そう」（世界文化社　２０１３年９月）の中でも、あなた自身が超一流だとしたらどのような立ち居振る舞いをするか尋ねています。

自分ではできないと思っても、やれると思っても、やれないと思っても、正しいと思ったことを実行して、人間の脳はそれを証明するために動いてくれます。

やれないと思った瞬間に、やれない理由と、それを正当化するための結果を全部出してきます。「ほらできないだろ」という証明をしてくれるのです。やれると思ったら、やれる理由をすべて探してきます。脳はそのようにできています。アンソニー・ロビンズが言うように『決断の瞬間、運命が決まる』のです。

挑戦から逃げ、管理される人生を選ぶ大人たち

あなたは過去にも「できない」「やれない」ということを克服した経験があります。赤ちゃんも立ち上がるのを「無理だ」「できない」「やりたくない」と思いつつも、立ち上がります。なので、誰しもが困難を克服した経験があるのです。しかし、人間は歳をとると挑戦しなくなります。その結果、子供の頃や赤ちゃんの頃の成長率というのは、右肩上がりの急勾配なのですが、大人になると右肩下がりになります。大人になると横這いではありません。大人になると成長率は右肩下がりで、どんどん下がっていくのです。なぜなら、大人になるにつれて「やらない」「できない」という洗脳が無意識の中に刷り込まれていくからです。

しかしそれは、あなた自身が「誰かによって管理しやすい人間」になっているだけです。誰にかはわかりません。誰かに管理されているのです。今後、フリーランスや個人事業主が増えていく時

代の中、管理されやすい人間にはならないでいただきたいと思います。管理される人間になると、あなたという自己はなくなってしまいます。

これまでの日本は、あなたという自己を極力小さくする教育方針が取られていました。

なぜなら、数の力で国力を上げていきたかったからです。それが良い悪いという話ではなく、工業発展を遂げて、日本という国を大きくしていくためには、このような政策も必要だったのです。

日本とともに沈没する被管理人間

しかし、これからの日本は今までのような国ではなくなります。大手企業が、軒並み経営不振になり、人工知能により仕事環境が大きく変化していく中で、今いる「あなたを管理する人」も徐々にいなくなります。昨日まであなたを指揮してくれていた管理者がいなくなってしまうのです。

「今日から君の上司は彼だ」と言って、人工知能を紹介される日だって遠くはないかもしれません。

あなた自身が今までのやり方に固執すると、遅かれ早かれ共倒れしてしまうのです。それが、この国と一緒なのか、大手企業と一緒なのかわかりませんが。

あなたの人生の主人公はあなた

あなたの人生の主人公は誰ですか？　あなた自身です。しかし、主人公として立ち上がる勇気があるか、傍観者でいるかは、あなた次第です。傍観者を選んだ場合は、一生涯、自分の物語を歩むことができなくなります。他人がつくりあげる物語のことをレールと呼びます。他人がつくったレールの上を、あなたも生かされることになります。そうすると自己の判断で行動ができなくなるので、自分らしい生き方とはかけ離れ、他人依存の辛い人生を歩まなければいけなくなります。

そのときに、諦めてしまって、すべて社会が悪いと言うこともできます。しかしそれは、あなた自身が自分の力で、自分の意思で生きていくという自由と、それに伴う責任を取っていることにはなりません。「社会が悪い」「世界が悪い」「不況だ」、これらはすべて正しく、すべてに理由があります。しかし、その理由がある中でも成長している人もいます。

あなたと同じ歳で、あなたと同じ性別で、あなたと同じような経歴で、あなたと同じような苦労がある人であったとしても、この70億人いる世界の中で、成功している人はいますし、あなたより悪い状況でも成功している人も必ずいます。

セルフコンセプトが成功をたぐり寄せる

では、その成功する人とあなたの違いは何かというと、それは習慣です。しかし、習慣は行動から行われ、行動はあなた自身のマインドセットや態度から生まれます。そして、態度もマインドセットも基本的には、あなた自身がどういう人間かというところからきます。私のクライアントさんの中でも、成功が特に早い人には大きな特徴があります。それはその方から発する言葉です。面談中も、常に「それできます」「それをやれば成功している自分の姿がはっきりみえます」「ワクワクしてきます」というプラスの言葉を大量に発します。そのクライアントさんたちは、自分には可能性がある、必ず成功しているという姿を既に思い描いて面談に臨んでいるので、取り組む姿勢も積極的ですし、すぐに結果を出します。

あなた自身をどのような人間として位置づけるか、どのようにセルフコンセプトを持つかということを常に意識し、今のコンフォートゾーンから抜け出し、あなた自身が「自分の得たい未来の人生を必ず得ることができる」と自分を信じて行動していただければと思います。

3　無意識の世界と意識の世界

人間の行動と可能性を支配する潜在意識

あなたは普段どれくらい自分の意思でものごとを判断していますか？　例えば、あなたが本書を手に取るという行動を、どれほどあなたの意思で行いましたか？　多くの人は「もちろん100％自分の意思でこの本を手に取ったよ」というと思います。

しかし、人間の脳内にある意識のうち、実は顕在意識は3～10％程度といわれ、残りの90％以上が潜在意識によって構成されているといわれています。

そのため、例えば何かモノを掴みにいくという行動1つをとっても、モノを掴みたいから掴むのではなく、無意識に掴みにいき、それを後から正当化するために顕在意識でモノを掴むということを補っているともいわれています。

ですので、あなたが本書を手にしたのも、あなたの意思よりさらに深い部分で、この本を欲したため手にしたのかもしれません。

コンフォートゾーンを抜け出すには潜在意識から書き換えろ

前項で、コンフォートゾーンは潜在的な部分が大きく、得たい未来を手に入れる大きな妨げにもなり得るとお伝えしました。いくらあなた自身は成功者になりたいといっても、潜在的な部分で成功を恐れ、足を引っ張っていることがあるのです。

あなたがコンフォートゾーンから上に抜け出していきたいのでしたら、表面的な行動より、さらに大きな力である潜在的な部分を変えていかなければ、決して成功に辿り着くことはできません。

4　成長を加速させたいなら意識の高い人を周りに置け

良くも悪くも真似してしまうミラーニューロン

潜在意識があなたのコンフォートゾーンに大きく影響していくのなら、実際にどのようにすれば潜在意識を書き換えて、得たい未来を得ていくことができるのかお話しします。

潜在意識は言うまでもなく、無意識の部分なので、あなた自身の力で書き換えていくことは簡単ではありません。そこで必要になるが、あなた以外の環境の力です。

ミラーニューロンという言葉があります。これは１９９６年にイタリアのパルマ大学のジャコーモ博士が発表したもので、簡単にいえば、人間は周りの環境を自分自身にコピーしてしまうということです。

例えば、あなたのすぐ周りにいる５人の年収を足して、５で割ると、あなたの年収になります。周りの５人の思想を足して５で割ると、あなたの思想になります。日本的にいうのなら「類は友を呼ぶ」です。神経細胞なので、夫婦が似てきたり、飼い主と犬が似てきたりもします。

お金を受け取ることが悪にもなる潜在意識

あなたが潜在意識を書き換えて、コンフォートゾーンの上へ突き抜けていきたいのなら、あなたの周りにあなたより意識の高い人や、あなたを引き上げてくれる人を置く必要があります。しかし、なかなか潜在意識を書き換えるのは難しく、どこにそのボトルネックがあるのかわかりづらく、問題を発見できたとしても、それをどのように解決したらいいのか、そう簡単にはわかりません。

私もクライアントさんと面談をする際には、単にマーケティングの原理原則と最新手法を絡めた戦略をお伝えするのではなく、時にはその人の幼少期から振り返って、どのような家庭環境で、どのようなことを教えられながら育ってきたのか、その方の内面を注意深く聞いていき、ボトルネックとなっている部分のケアをしながら支援をしています。

例えば、高級車を持っている人は何か悪いことをしているに違いないと親から聞かされながら育つ人もいます。まさに私もその1人です。すると、高級車やお金をたくさん稼ぐということが悪だと潜在意識の中に刷り込まれて、人に価値を提供して、それに見合ったお金をいただけばいいのに、そのような状況になった途端に、「こんなにもらっては悪いので、今回はこれだけ値引きしておきますね」とお金をもらうこと自体を拒否して、いつまでも人並みしか稼げない人生しか歩むことができなくなります。

また、せっかく目の前に来た購入希望者を、「私ではなく、あの人に回してあげよう」と、ミスミス自分から手放してしまっていたクライアントさんがいました。その方のサービスは競合他社と比べて、コストパフォーマンスも高く、購入してくれれば確実に結果と満足を与えられるのに、その人自身に「受け取る」という器が備わってなかったため、手放してしまっていたのです。

そこで、目の前に来た購入希望者が、そのクライアントさんのサービスを買わないこと自体が、むしろ購入希望者にとって不幸であることなど、細かくケアして、きちんと受け入れるマインドを整えた途端に、今まで1つも売れなかった講座が売れるようになりました。

稼ぐことを悪としない

では、簡単に潜在意識を書き換えていく方法をお伝えします。それは、価値に見合ったお金をいただくことがあたり前の環境に入ったり、メンターからきちんとケアをしてもらうことで、これまであなたが魂を込めてつくり上げた商品や戦略、マインドは無駄にならなくなります。

一方で、いくらあなたが最高の商品を持っていて、それを最高の戦略で見込み客さんに届けられても、目の前に来た見込み客さんに商品を提供するマインドがなかったり、そのマインドがない原因が潜在意識の部分である場合は、すべての努力が無駄になってしまうこともあり得ます。

あなたが今後訪れる激動の時代の中で、しっかりと勝ち抜いていくためにも、あなた自身の環境を整えて、成功することがあたり前の中であなたらしい生き方を勝ち取ってください。

5　独学をすればするほど成功から遠ざかる

多くの人が陥る独学の罠

最後に、とても多くの人が陥ってしまう間違いについてお話しします。それは「独学の罠」です。

ビジネスをスタートする上で目標を決めて進めていくことが大切です。そして、目標に向かってどのように歩み進めていくのかを決めるのが戦略でもあります。この戦略を１人で学び、１人で実践する人がたくさんいるのです。

例えば、本を買って読んだり、セミナーで話を聞くなど。

今あなたが手にしている本書を出版していて、このようなお話をするのも心苦しいのですが、上手い話で言いくるめることが嫌いなので正直に話しますと、本を読んで自分で実践したり、セミナーに出て自分で実践するだけの独学では、なかなか成功というのは手に入りません。
中には既に十分なマインドや環境を手にしていて、自分を強く律して進めることができる人がいます。しかし、多くの成功できない人をみると、独学で何とか成功しようとしているのです。

やっているつもりになっている成功できない人

例えば、以前たまたまお会いした人で、このような人がいました。

相手：伊藤さんってどれくらい本を読んできたんですか？
私　：重要な本以外は読まないので、あまり読んできていません。
相手：そうなんですね！　私なんてこれまで１０００冊近く読んでますよ！（既に30代半ば）
伊藤さんも読んだほうがいいですよ！（勝ち誇った口調）
私　：なんでそんなに本を読んでいるんですか？
相手：将来、独立起業して、自由な時間とお金を手に入れたいです！
そのためにたくさん勉強してるんです！
私　：けど、今も独立できていないですよね？
相手：はい…

このような漫才みたいな話が実は結構あります。独学をしていると、将来の夢へ向かって頑張っている自分に酔いしれてしまい、自分が成長している気になってしまいます。しかし、独学ほど成功を遠ざけることはありません。なぜなら、独学というのは、自分の世界（つまりコンフォートゾーン）の中でものごとを組み立てなければいけないからです。

独学はコンフォートゾーンを破れない

あなたが「借金があたり前」のコンフォートゾーンにいる中で、借金から抜け出す方法という本を読んだところで、一時的に納得してやる気が出たとしても、本を閉じて、3分後にはもとの思考法に戻り、いつまで経っても借金＝あたり前という自分から抜け出せなくなります。なぜなら、顕在意識より強力な潜在意識が作用するのがコンフォートゾーンだからです。

あなたが「会社員があたり前」のコンフォートゾーンにいたとします。いつかは自分でビジネスを興して頑張りたいと思い、積極的に本やセミナーで勉強したとしても、会社に戻れば、社長や上司、取引先の愚痴ばかり言っている同僚に囲まれて、その人たちからミラーニューロンを受けるあなたも、いつのまにか向上心を忘れ、潜在意識のもとで成長より愚痴というあなたになってしまいます。

独学ではなく環境を変える

一般的にプラスの力より、マイナスの力のほうが強いといわれ、周りの5人の中で、1人でもマイナスパワーを持った人がいると、そちらに引っ張られてしまいます。今、一生懸命頑張っているのに、どうしても自分の思い描く生活ができないという人は、周りの5人を総入れ替えするぐらいの意気込みで環境をセットしていく必要があるのです。

しかし、いきなり周りの5人全員を入れ替えるのは現実的ではないかもしれません。そこで、私がクライアントさんにお話しているのはあなた自身や組織の中に、意識の高い人、あなた自身を上へ導いてくれる人を、まずは1人でもいいので、加えてくださいとお伝えします。

マイナスパワーが大きかった環境に強いプラスパワーを取り込むことによって、マイナスパワーを中和させるイメージです。クライアントさんの中には、とにかく私と会いたいという人もいます。私からプラスパワーを吸収しているのだといいます。

あなたにとって、今の環境を変えてくれる救世主が誰なのかはわかりません。しかし、あなたを変えるかもしれない人間が本書の著者である私かもしれないと少しでも思いましたら、本書の最後、プロフィール欄にある連絡先にご一報ください。読者限定の特別対応をさせていただきます。

6　あなたの貢献活動が世界を救う

蜂が地球環境に与えている影響

蜂の話をしたいと思います。

蜂は朝起きると何をしますか？　蜜を取りにいくのではありません。花のネクターを取りにいきます。ネクターを集めたらハチミツになるのです。では、なぜ取るのでしょうか？　それは生きるためです。そして蜂にとって、家を建てるのに大事なものでもあります。だから自分たちの食べ物と同時に、家を建てるためにも、すべてを守るために取りにいくのです。

そして、蜂はネクターを取りにいく際に受粉をしています。蜂の受粉は、１つの花だけではなく、その他の花に対して波紋的に効果が発生して効力を与えます。蜂はネクターを取れば取るほど、世界にいい影響を与えているのです。

地球に影響を与える蜂と、何も生み出さない人間

では、人間はどうかというと、人間は毎朝起きて、何を取りにいきますか？　食料ですか？　違います。お金です。お金のために、毎朝辛い満員の通勤電車に乗って、仕事をしているのです。

多くの人は、お金が手に入るという理由のために毎朝、あの地獄の満員電車に乗って、重力に逆らったような立ち方をして、脚に力を入れなくても浮いている状態で、自分の駅に近づくのを全て計算して、クルクル回転しながら、ポジションを取っていく、そんな生活をしているわけです。

そして、誰１人とも「なぜそれをやっているのか？」と、疑問を持ちません。

もし蜂が意思を持って受粉をすることに集中した場合、花の量はどれくらい増えるのでしょうか？　受粉をすることが目的となり行動するのです。蜂がネクターを取りにいく際に、まだ受粉をする準備ができていなかったり、花粉がない花にはいきません。もし受粉を目的にした場合、蜂の巣がある領域内の花は増えます。その結果、食べ物も増えます。蜜の取れる量も増えます。ただし、

残念ながら蜂にそんな頭の良さはありません。ただ、人間にはあります。

コンビニ店員が与える価値

では、人間が意識的にその波紋効果を行うことで得られる結果は何でしょうか？　答えは、生活基準が上がります。しかも決してあなた1人だけではありません、周りの人や昆虫、動植物、地球全体が生きやすい環境になります。そして、あなたの波及効果が寄与すればするほど、勝手にお金も入ってきます。

コンビニ店員も誰かの生活基準を良くしています。コンビニ店員が不在でレジ打ち店員がいない店だと、いつまで経っても欲しい商品が買えません。いないなら仕方ないから持っていこうとした瞬間に捕まります。そのようなコンビニは誰も欲しくありません。ですので、コンビニ店員も、あなたがコンビニで商品を買うことができるように貢献しているのです。

生活基準を大きく引き上げられる人と、小さな人

ただし、この場合の店員が提供している価値の規模は小さいです。なぜなら、その都度貢献できる人の数が、そのレジにやって来る1人だけだからです。

さらに、その環境を用意したのは、コンビニ店員自身ではありません。他人が用意した環境です。コンビニ店員がレジ打ちができるのは、他の人が環境を用意しているからであって、その環境をつ

くった人がほとんどの利益を持っていくことになります。

なぜなら、その人が設定したからです。そして、コンビニ店員は「いいからそこにいなさい」と言われて立っているだけだからです。だから、彼らのバイトの賃金は低くなってしまうのです。

人々の生活基準を上げる環境を最もつくった人や、生活基準を上げることに着目した人にお金が入るようにできています。

周りに同調しない勇気

ただし、このような周りの人とは違う行動をするのは、大きな恐怖心を生み出します。なぜなら、周りが同じ方向に進んでいるにもかかわらず、あなた1人だけ違う方向に進むからです。「周りとは違う方向に進むことで、もっと多くの人、動物、植物、環境、地球の生活基準が上がるから、私はそっちに行く」と決めて進むのです。

そして、それをやる人たちは、多くがiPhoneをつくったり、飛行機をつくったり、ワクチンつくったり、電球やノーベル賞をつくったりする人たちです。この人たちも生活基準を上げてきました。

逆行しない構造的変化

このような変化を構造的変化といいます。構造的変化というのは、一度変化したら、元には戻らなかったり、戻りにくい変化をいいます。

例えば、人間は昔、馬に乗って生活していました。しかし、現代は馬に乗って生活している人はそれほどいません。なぜなら、車、自転車、バイクがあるからです。そちらの方が生活基準を上げたのです。上げたから、一般の移動手段としての馬が必要なくなったのです。これが構造的変化です。一番最初に自動車をつくったベンツという会社は、その当時とても儲かりました。そのような構造的変化、もう以前には戻らないという変化を提供したビジネスや人や、その業界は報酬として、大きなお金が入ってきます。

もっと小さく考えてもいいです。1人の人間を半永久的に変えることができたならば、生活基準を上げることができたならば、あなたはそれに見合う報酬が支払われます。

ただ、コンビニバイトの店員は、そこでサービスを提供しても、レジから商品を渡すその一瞬で、来店者が「起業します！」とはならないです。そのため、それに見合うだけの報酬がそのコンビニ店員には支払われるだけなのです。なぜなら、その人の生涯を好転させるような変化を、目の前のお客さまには提供していないからです。生活基準が一瞬にして半永久的に上がるような変化はしていないです。もし、そのコンビニ店員にもそれができたならば、それだけの価値が返ってきます。

周りを動かす自身の危機感

相手の人生を変えるには、あなた自身の心の変化が必要です。もしあなたが、中途半端な行動しかしなかったら、相手もあなたの言葉に、真剣に耳を貸そうなんて思いません。コンビニバイトの店員に「起業したらいかがですか？」と言われても、「まずはあなたがしたらどうですか？」と思ってしまうかもしれません（改めて言いますが、コンビニバイトの店員も生活基準の引き上げに貢献しています）。

私自身、独立起業をする前の時代は本当に悲惨な生活でした。その結果、体にも変調をきたし、ＣＴスキャンやＭＲＩにも入りました。家族にもあたりました。もしかしたら、今のあなたがこのような状況かもしれません。

これからの時代、ＡＩやロボットが、あなたの職をどんどん代替していきます。突然、上司から呼ばれて、「君は来月から来なくていいよ」と言われてしまうかもしれません。そんないつ来るかわからない恐怖におびえながら、会社に媚を売って生活するのは、やめにしてはいかがでしょうか？

心の底から決意する

もしあなたが、今の生活に不満を感じながらも、どうしていいかわからなかったら、まずあなたがすべきことは行動をやめるということです。「え？　今までと言っていること違うじゃないか？」と思うかもしれません。やめるのは「あなた1人で行動すること」です。1人で行動するので、大きな穴に落ち、行き先がわからなくなってしまい、10年以内に93・7％という廃業率になるのです。あなたに必要なのは、あなたの横に水先案内人を置くことです。そして水先案内人を置いたら、次にやることが、変化を実現させる『決心』です。

「もうこんな生活は二度と受け入れない！」と心の奥底から決心することです。私自身も、もうこんな生活は嫌だと思い、今に至っています。

本書を手にして読んでいただいた以上、あなたはリーダーです。それは、あなたの家族にとってかもしれません。あなたの友人にとってかもしれません。あなたの職場にとってかもしれません。

いずれにしても、あなたはリーダーとして、社会全体に広く貢献というエネルギーを拡散していく使命を背負ったのです。

深さと広さを意識した貢献活動

人々への貢献は深さと広さといわれています。深さと広さの両方ができる、それだけ大きな変化を与えられるような夢というものを、恐れなしに目指せるのでしたら、あなたは時間とお金の自由を獲得し、２０２０年以降も勝ち抜いていくことは確実です。しかし、その過程では必ず躊躇が生じます。なぜなら、多くの人とは違う方向に進むからです。

マインドや環境も１つの変化です。この項目でお伝えしていることがわかる人、わからない人、どちらもいると思います。そして、これを理解しただけではなく、できるかできないか、やれるかやれないかということもあります。やれたならば、あなたも２０２０年以降の勝ち組になれます。なぜかというと、これは絶対的な法則だからです。あなたが、どのような生き方を選ぶかどうかというだけです。

そして、この法則上のルールとしては、生き物であったり、地球であったり、環境であったり、人であったり何でも構わないのですが、この地球上で生きているものの生活基準が上がったならば、その人やその団体は豊かになります。

ただし、その過程で、他の生活基準や環境を壊してはいけません。そのやり方を間違えた場合は、目的が達成できず、生活基準は上がらないため、本人も稼げません。

あなたが周りを導く灯台となり、愛情ある貢献を提供する

貢献というものは、自分を犠牲にするものではありません。むしろ、あなた自身から発する愛情が、他の人を豊かにし、それがあなた自身の生活水準を豊かにしてくれます。

リーダーと呼ばれる人は、決して偉い人ではありません。まだ行き先に迷っている人の半歩前を歩き、その人たちが迷わずに、正しい道を歩めるように先導してあげる、そのような役目です。あなたが輝くことで、あなた自身が灯台となり、光を放ち、暗闇で迷っている人の希望の光になることができます。

あなたの1つひとつの行動が、人を導き、動植物を導き、環境を導き、地球を導きます。ぜひあなたの存在で、人や動植物、地球全体の未来を築き上げてください。

そして、本書の読者と一緒に　未来を築いていけたら私も嬉しく思います。

お便りをお待ちしております。

おわりに

ビジネスとはラッキーでもなければ偶然でもない

ビジネスは決して難しいものではありません。難しく思ってしまうのは、成功への勝ちパターンを知らないだけです。例えば、いきなり商品をつくって誰かに売りにいこうとするから、多くの人から断られてしまい、自分にはビジネスは向いていないと思ってしまうのです。

しかし、ここまで読んでいただいたあなたならわかると思います。本当に成功する人は、いきなりメイン商品を売りにいくのではなく、その前に見込み客さんを集める集客商品をおいて、あなたのことを知ってもらうきっかけや認知、信頼を高める行動をします。

デパ地下の食品コーナーでは多くの試食品が販売されています。既に知られているような商品であっても、その店独自の調味料が配合され、他店にはない絶対の自信があったとしても、どのような味かわからないし、万が一購入しても美味しくなかったら後悔するので、まずはお試しで食べてもらい、気に入ったら家族の分を買ってもらうわけです。

売り込むことなく買ってもらう

また、商品はあるけど、セールスが苦手という人もいます。しかし、売り込みをするからセールスが嫌いになり、ビジネスが嫌いになってしまうだけです。

本書で常々お伝えしていたことが、「セールスファネルの上位でパワーをかけることで、売り込みのストレスなくビジネスを行うことができる」ということです。つまり「上位で加速エンジンを効かせる」です。これにより、マーケティングによりあなたの目の前に来たときには、すでにあなたのファンになり、あなたに対して「どうしたら商品を買うことができますか？」と相手から言ってきてもらえるようになります。そのためのポイントが「認知と信頼」です。この認知と信頼をいかに高めることができるかがポイントであり、その方法をお伝えしてきました。

このように、ビジネスというのは一定の勝ちパターンというものがあります。それは伝統的な原理原則にも則ったパターンであり、この流れを踏めば、誰でもビジネスはスタートでき、軌道に乗せていくことも可能です。

そして来たる２０２０年以降、フリーランスや個人事業主があたり前の時代になって、あなたが業界のリーダーとして自由な時間とお金を得ながら社会経済を良くし、人々の生活基準を引き上げ、動植物や地球全体を生きやすい環境に変えていくことができるのです。

一歩踏み出すか、その場にたたずむか

今回、あなたは本書を通じて、自分のビジネスをスタートするエッセンスを知ることができました。内容を読んでいく中で、もしあなたの心が「それ知ってるし」と囁いてきたら、それ大きな嘘つきです。気をつけてください。本当に知っている人は、「それもうやってるし」といいます。本

当にあなた自身が実行していた場合は、本当に知っているのです。やっていなかったら、知っていないのです。また、「やってるし」というあなたも、「やってるし」だけでは十分ではありません。「やってるし」の先があるのです。それは「それ教えてるし」です。誰かに教えられるようになったら、自分が学んでいることが完全に理解したということなのです。初めての人でもできるように、簡単に教えられるというのは、完全に学んだということなのです。「やってるし」となったら、それを教えられるかチャレンジしてみてください。

あなたの成功を後押しするもの

最後までお読みいただきありがとうございます。２０２０年以降訪れる仕事環境の大変革時代、あなたやあなたの大切な人を守る大きなきっかけに、本書がなりましたら、大変嬉しく思います。

しかし、本書を読んでも、実行に移せない読者がいるのも知っています。実行に移せないのは決してあなたの責任ではありません。本という特性上、多くの類書同様、どうしても一般化せざるを得ない部分もあり、そこが行動に移せないボトルネックになってしまいます。

例えば、「私はどんなビジネスが向いているんだろ」「実績をどうやって見つけて輝かせればいいんだろ」と疑問に思うと思います。

そこで、今回私は、本書をきっかけに、大切な一歩を踏み出していただきたいと思い、購読者限定で映像セミナーを無料プレゼントします。こちらの映像セミナーでは、あなたが具体的に行動するべき大切なポイントを３つに絞り、よりあなたの夢の実現を意識した映像になっています。
ぜひ今回の本と映像セミナーを一緒に学ぶことで、２０２０年以降の勝ち組となり、大切な人のために、自由な時間とお金を手にしていただきたいと思います。
今後の日本や世界を引っ張る業界のリーダーは、ぜひこのＵＲＬから映像セミナーを無料で手にしてください。なお、このプレゼントは期間限定で行いますので、早めに手に入れてください。

【今すぐ映像セミナーを手に入れ、２０２０年以降の勝ち組人生のために一歩を踏み出す】
https://48auto.biz/buddy-and-growth/touroku/entryform7.htm

最後までお付き合いいただき、ありがとうございました。

伊藤　賀一

著者略歴

伊藤　賀一（いとう　よしかず）

Buddy & Growth 代表（マーケティングコンサルタント）

大学院修了後、コンサルティング会社や事業会社の中で営業やマーケティング、コンサルティングを経験後、独立。伝統的な原理原則と最新手法をミックスさせたマーケティングを得意とし、ネット集客のみならず、リアル集客まで幅広く支援。クライアントの中には、全くのゼロだったコーチを面談開始後 1 週間で 120 万円の売上を達成し、その後 3 週間で 728 万円まで売上を達成。また、マインドブロックを抱えて自己破産寸前だったカウンセラーに対して、内面をケアし、今では先生と呼ばれるほど活躍するなど、クライアントの望む結果を最短最速で実現させる。

独立後も 500 件以上の面談を行い、その面談はただ手法を伝えるものではなく、クライアントの内面をケアしながらメンタルブロックやボトルネックを外し、講座やセミナー形式では得られないマンツーマンで寄り添う心地よい面談を行う。

クライアントには、コーチ、コンサルタント、セラピストなどの先生業の他、モノづくりや飲食店、医師など幅広く抱え、様々な業種の参謀（メンター）として活躍。

著者「独立起業する人が最速でファーストキャッシュを得る 3 つの秘訣」が Amazon ランキング電子書籍の 2 部門（新規ビジネス企業部門・個人の成功論部門）で第 1 位獲得

独立起業　成功する魔法の 3 ステップ

2018年 1 月18日 初版発行　　2018 年 2 月28日 第 3 刷発行

著　者　伊藤　賀一　©Yoshikazu Ito

発行人　森　　忠順

発行所　株式会社 セルバ出版
〒 113-0034
東京都文京区湯島 1 丁目 12 番 6 号 高関ビル 5 B
☎ 03（5812）1178　　FAX 03（5812）1188
http://www.seluba.co.jp/

発　売　株式会社 創英社／三省堂書店
〒 101-0051
東京都千代田区神田神保町 1 丁目 1 番地
☎ 03（3291）2295　　FAX 03（3292）7687

印刷・製本　モリモト印刷株式会社

Printed in JAPAN
ISBN978-4-86367-391-5